童年的秘密

The secret of childhood

[意]玛利亚·蒙台梭利 著
(Maria Montessori)
单中惠 译

山西出版传媒集团
山西人民出版社

童年是人生中最重要的一个时期。

——玛利亚·蒙台梭利

玛利亚·蒙台梭利
Maria Montessori
1870—1952

玛利亚·蒙台梭利是20世纪伟大的教育家，她创立的蒙台梭利教育体系对世界产生了巨大影响，如今以她名字命名的蒙台梭利学校遍及世界110多个国家和地区。

蒙台梭利出生于意大利安科纳省，就读于罗马大学，是意大利历史上第一位女医学博士，她精通医学、哲学、教育学、实验心理学和人类学。1907年，蒙台梭利在罗马贫民区创办第一所"儿童之家"，招收3—6岁的儿童，她运用自己独创的方法进行教学，结果出现了惊人的效果。这些普通的贫寒儿童，几年后，心智发生了巨大的转变，被培养成了一个个聪明自信、有教养、生机勃勃的少年英才。蒙台梭利崭新的具有巨大教育魅力的教学方法，轰动了整个欧洲，关于这些奇妙儿童的报道，像野火一样迅速蔓延，人们仿照蒙台梭利的模式建立了许多新的"儿童之家"。

1912年，蒙台梭利所著《蒙台梭利方法》一书在美国出版，旋即被译成20多种文字在世界各地流传。100多个国家先后引进了蒙台梭利的方法，欧洲、美国还出现了"蒙台梭利运动"。

1913—1915年，蒙台梭利学校已遍布世界各大洲。1929年8月，国际蒙台梭利协会（Association Montessori Internationale）在德国柏林成立，蒙台梭利教育理论和方法进一步迅速传播，在世界范围内引起了一场幼儿教育的革命。20世纪40年代，仅美国就有2000多所蒙台梭利学校。蒙台梭利的著作《高级蒙台梭利方法》《蒙台梭利手册》《童年的秘密》《儿童的发现》《有吸收力的心灵》等，也被译为大约40种语言文字在世界各地出版。

蒙台梭利一生献身儿童教育事业，为世界和平与发展做出不可磨灭的贡献。她生前获得了很多荣誉，如：法国军团荣誉骑士二等勋章、荷兰奥兰治·拿骚亲王二等奖章、佩鲁贾大学教授、安科纳市荣誉市民等。蒙台梭利于1949年、1950年和1951年曾三次获诺贝尔和平奖提名，被联合国教科文组织誉为"教育和世界和平的伟大象征"。

1970年8月31日,印度发行印有蒙台梭利头像的邮票,纪念这位伟大的教育家诞辰100周年。

1990年,意大利发行印有蒙台梭利头像的1000里拉纸币,表达对她的敬仰。

2020年1月15日,于蒙台梭利诞辰150周年之际,意大利政府再一次发行特殊纪念币来纪念她对教育界的卓越贡献。

1930年2月3日，蒙台梭利被美国《时代周刊》评选为年度人物，其头像上了该杂志封面。

2020年3月8日，蒙台梭利被美国《时代周刊》评选为20世纪最具影响力的100位女性之一。

1913年，蒙台梭利在审读她新版著作的首份印刷品。

蒙台梭利是儿童永远的伙伴。

蒙台梭利在观察小朋友们识别卡片。

1950年,蒙台梭利在为BBC广播公司驻意大利站发表讲话之前与一位英国小女孩亲切交谈。

1951年,蒙台梭利逝世前一年最后一次访问英国时,在伦敦的格特豪斯学校(Gatehouse School)与小学生们在一起。

目录

译者序：对幼儿之谜的探索 / I

导言：儿童问题是一个社会问题 / 1

第1章　今天的儿童

儿童的世纪 / 2

心理分析 / 4

儿童心灵的秘密 / 6

对成人的控告 / 10

第2章　精神的胚胎

生物学序曲 / 15

新生儿 / 20

天赋本能 / 29

实体化 / 32

壹 童年时期

第 3 章　形成中的心理

敏感期 / 40

心理生活 / 51

外部秩序 / 55

内部定向 / 67

智力发展 / 72

第 4 章　成人对儿童的阻碍

爱的冲突 / 86

睡眠 / 89

行走 / 93

手与脑 / 98

有目的的活动 / 103

节奏 / 108

人格的替换 / 111

运动 / 117

爱的智慧 / 121

贰 新教育

第5章 教师的任务

认识儿童 / 128

精神准备 / 130

第6章 教育的方法

方法的起源 / 140

第一所"儿童之家" / 144

儿童的表现 / 150

重复练习 / 秩序感 / 自由选择

奖励与惩罚 / 安静练习 / 尊严感

自发的纪律 / 书写与阅读 / 身体的发展

第7章 正常化发展

教育原则 / 175

遭受不幸的儿童 / 181

富裕家庭的儿童 / 183

儿童的皈依 / 189

第 8 章　儿童的心理畸变

心理畸变的原因 / 192

心理畸变的表现 / 194

神游 / 障碍 / 依附 / 占有欲

权力欲 / 自卑 / 恐惧 / 说谎

心理畸变对身体的影响 / 221

第 9 章　人的工作

儿童与成人的冲突 / 230

两种本能 / 233

主导本能 / 工作本能

两种不同的工作 / 248

成人的工作 / 儿童的工作

两种工作的比较 / 254

活动与儿童的发展 / 258

第 10 章　儿童的权利与社会的职责

成人的自我认识 / 263

儿童的权利 / 266

父母的使命 / 275

叁　儿童与社会

译者序

对幼儿之谜的探索

《童年的秘密》(*The Secret of Childhood*)是一本风靡全球的幼儿教育名著，对幼儿之谜进行了十分有益的探索和解答。它是现代意大利著名幼儿教育家蒙台梭利1936年7月在英国牛津召开第五次国际蒙台梭利会议之际出版的。

玛利亚·蒙台梭利1870年8月31日生于意大利安科纳省。在早期的学校生活中，她就萌发了关心和照顾未来的儿童的想法。1886年，从中学毕业的蒙台梭利进入高等技术学院学习。出于对生物学的强烈兴趣，她于1890年秋天进入罗马大学医学院。1896年，通过勤奋学习，蒙台梭利成了意大利教育史上第一位女医学博士。

博士毕业后，蒙台梭利担任罗马大学附属精神病诊所助理医生，并利用业余时间从事智力缺陷儿童的神经与心理疾

病的研究。从1897年起,她从事智力有缺陷儿童的教育工作。

1901年,蒙台梭利离开意大利国立特殊儿童学校,开始致力于正常儿童的教育。1907年1月6日,她在罗马圣洛伦佐区成立了第一所"儿童之家"。由此,蒙台梭利开始进行系统的教育实验,设计了一套教材和教具,提出了一系列的方法,创立了闻名于世的蒙台梭利教育体系。在1909年出版《蒙台梭利方法》(原名为《儿童之家的科学教育方法》)一书后,蒙台梭利开始在世界上产生影响。为了进一步传播自己的幼儿教育理论和方法,蒙台梭利在意大利国内和世界上许多国家开设了培训班,培养蒙台梭利学校的教师。

1929年8月,由蒙台梭利本人担任主席的国际蒙台梭利协会在德国柏林成立。这个协会对蒙台梭利教育理论和方法在世界范围的传播起了很大的促进作用。晚年,蒙台梭利曾先后在西班牙的巴塞罗那和荷兰的阿姆斯特丹居住。她曾被提名为"诺贝尔和平奖"的候选人,也被荷兰阿姆斯特丹大学授予名誉博士称号。1952年5月6日,蒙台梭利在荷兰的诺德魏克去世。

蒙台梭利一生中撰写了许多重要著作。其中包括《蒙台梭利方法》(1909)、《高级蒙台梭利方法》(1912)、《蒙台梭利手册》(1914)、《童年的秘密》(1936)、《儿童的发现》(1948)、《童年的教育》(1949)、《有吸收力的心灵》(1949)等。

作为一位现代幼儿教育家，蒙台梭利在长期的教育实验活动中收集了许多生动而具体的例子。《童年的秘密》一书告诉父母和教师们，认真的观察和深入的思考使蒙台梭利得出一个重要结论：童年时期是人生中一个最重要的时期。除生理的发展外，幼儿心理的发展更需要得到重视。因为幼儿正是通过自己的努力形成了个性，在某种意义上说，他成了他自己的创造者。

"儿童是成人之父"，这是蒙台梭利在《童年的秘密》一书中提出的一个富有哲理的观点。这个观点看起来似乎有点矛盾，但实际上充满睿智。如果成人忘记自己曾经是一个儿童，那么他就不能给幼儿提供一个适宜发展的环境，就不会去克服自己与幼儿之间的冲突，幼儿的心理就会产生畸变，并将伴随其终生。

通过蒙台梭利对幼儿之谜的探索和解答，父母和教师可以清楚地意识到：儿童并不是一个只能观察其外表的陌生人。实际上，一个人的个性在他的童年时期就形成了。正因如此，父母和教师必须努力去了解尚未被自己认识的儿童，并把他从所有的障碍物中解放出来。

探索和发现童年的秘密,是蒙台梭利毕生追求的理想。所以,当她1949年春结束在巴基斯坦的访问和演讲时,人们送给她一个大蛋糕,上面用奶油裱成一本书的形状,并写着"感谢您发现了童年的秘密"。因此,美国国际蒙台梭利协会教育委员会主席玛格丽特·E.斯蒂芬森(Margaret E. Stephenson)曾这样指出:"儿童是永恒的。每个时代都有儿童的存在,并将不断地诞生直至世界末日。而且,没有史前时代的儿童、中世纪的儿童、维多利亚时代的儿童和现代儿童之分。事实上,只有所有时代和所有种族的儿童。他们是传统的继承者、历史的承受者、文化的融合者以及通向和平之路的使者。……如果我们将刚出生的儿童和3岁儿童进行比较的话,就会发现他们之间有着那么巨大的差异,已经发生了那么剧烈的变化。这种剧烈的变化就是'童年的秘密'。蒙台梭利博士所做的,就是要证实在幼儿身上存在着这种变化的力量,而这一点似乎尚未被人们所认识。她毕生追求的,就是帮助儿童发展,并使儿童的个体潜能得以最充分地实现。"

确实,《童年的秘密》一书的翻译出版,能对那些想去探索幼儿之谜的人提供一些指导和帮助。可以相信,所有的父母和教师都会从这本书的许多具体事例和理论阐述中得到深刻的启迪。更值得注意的是，蒙台梭利在书中所列举的许多例子，在我们的现实生活中就可以看到。难怪英国著名的蒙台梭利传记作家斯坦丁（E. M. Standing）1957年在他的《玛利亚·蒙台梭利：她的生平与工作》一书中这样指出："每一个希望理解蒙台梭利教育方法的起源和教育方法本身的人，都不能不读蒙台梭利在《童年的秘密》中生动而深刻的论述。"

本书是根据巴巴拉·巴克利·卡特（Barbara Barclay Carter）1939年的英文本翻译的。在蒙台梭利《童年的秘密》一书出版三年后，卡特的英文本由弗雷德里克·A. 斯托克斯公司。1983年，伦敦桑盖姆图书有限公司又出版了卡特的英文本。

单中惠
华东师范大学教育学部
2021年5月

导 言

儿童问题是一个社会问题

近年来出现了一个维护儿童权利的社会运动,儿童问题已引起了社会的极大关注。但这个社会运动是自发产生的,既没有发起者,也没有指导者。它本身就像一座火山,一旦爆发,岩浆将向四面八方喷涌。

科学的发展对这个社会运动起了极大的推动作用,因为卫生学的发展使儿童的死亡率大大降低,而且人们也已经意识到,儿童在学校里是那些枯燥乏味作业的受害者,他们被搞得筋疲力尽。对儿童健康所做的一些调查表明,他们的童年生活并不愉快,心智疲乏、弯腰曲背、胸腔萎缩,当离开学校时,他已不再像一个儿童。这是非常不幸的。

现在,经过了几十年的研究,人们终于渐渐认识到儿童的生活被扭曲了。究其根源,无非是由生养他的父母和他周

围的成人环境造成的。对于那些更关心自己工作的成人来说，儿童永远是制造麻烦的根源。在现代大城市里，许多家庭挤在狭窄的住房内，儿童在家中也就根本谈不上有什么活动的地方了。在挤满汽车的马路上，或在人们匆匆赶路的人行道上，同样没有儿童活动的场地。成人都忙于自己的工作，没有时间来照管孩子。一般情况下，父母都必须工作，不然他们的子女将会遭到更大的不幸。即使生活在比较幸运的家庭，儿童也被限制在自己的房间里，由陌生的人来照顾。他们不可以进入父母的房间，没有一个地方能使他们感到自己被理解或做自己想做的事情。他们必须保持安静，不能碰任何东西，因为没有一样东西属于他们。所有东西都是成人的财产，对儿童来讲，它们都是禁物，是神圣不可侵犯的。幼儿甚至没有自己的小椅子。儿童有什么呢？一无所有。

当儿童坐在地板或椅子上时，就会遭到成人的责备。有些成人会把他拎起来，放在自己的膝盖上。这就是生活在成人环境中的儿童。儿童像乞丐一样希望得到一些东西，却并不能得到它。当他进入某个房间，立即就会被驱赶出去，就像被剥夺公民权一样在家庭中被剥夺应有的权利。实际上，儿童已经被放逐到社会的边缘，可能遭到任何成人的责备、蔑视和惩罚，这仿佛是上帝给成人的特殊权利。

导言　儿童问题是一个社会问题

出于某种心理障碍，成人并不关心如何为儿童准备一个适宜的环境。虽然成人为自己制定了一系列法律，却没有专门为儿女们制定一些法律，其结果是儿女被排斥在法律之外。甚至可以这样说，社会是有负于儿童的。儿童虽然成为父母发泄的牺牲品，但他们却带着新的活力进入这个世界，这种活力不仅能纠正前辈的错误，而且能给世界带来新的气息。

自漫长的几个世纪以来，也可以说从人类诞生起，一直对儿童的需要和命运麻木不仁的人们，近年来开始越来越多地关注儿童。这种巨大的进步应该归功于儿童卫生学。正因为儿童卫生学得到广泛传播，许多婴儿得以避免在生命的第一年就夭折的厄运。20世纪初，当人们开始真正关心儿童健康时，才终于从一个新的角度来看待儿童的生活。一个以宽容和理解为特征的新的教育原则被学校和家庭采纳，学校已经开始实行现代教育方法。

现在儿童受到重视，除了科学进步的原因外，还有一个原因是人们认识的提高。在城市里，人们为儿童建造花园，现有的公园和广场也供他们进行游戏活动，还专门开办了儿童剧院，并为儿童出版书籍和杂志。儿童有了适合他们需要的户外活动和适宜的家具。随着社会意识的提高，人们为儿童做出了各种努力，例如，成立童子军或营火少女团的组织，

这些组织通过对儿童的训练使他们养成一种自尊感。政治鼓动家也企图拥有儿童，以便使儿童成为他们的驯服工具。现在，不管人们愿不愿意，不管是为了改善儿童自身，还是把儿童当作达到某种目的的手段，儿童是社会不可缺少的一部分这一观念已在人们心中深深地扎了根。父母不再仅仅关心让孩子穿着节日盛装漫步街头，现在孩子已被看作是他们生活的一部分。因此，我们必须引起重视：儿童问题是一个社会问题。

正如我们所看到的，儿童地位的提高并不是通过个人努力实现的，也不是通过各种团体和组织的协作得来的。那么，这应该归结于什么呢？我们应该看到这样一个事实，那就是儿童时代已经开启！随之而来的是，它将对社会产生极大的意义。

我们必须认识到这个新的时代对社会、国家以及整个人类的重要性。促使人们对儿童产生兴趣的各种自发运动并没有任何关联，这表明它们不是某个因素的产物，而是一种自然潮流的产物。事实上，人们对儿童产生兴趣预示了一个新时代的到来。在那个已经逝去的年代里，成人只忙于为自己创造舒适和安逸的生活环境，而丝毫没有考虑到儿童的生存环境。现在，我们发现自己正处在一个新时代的转折点，那就是既要为成人工作，又要为儿童工作。因此，我们必须建立一个新的文明社会，提供两种不同的社会环境，一个为成人，另一个为儿童。

我们面临的任务，并不是进一步组织已经开始了的社会运动，或者协调各种代表儿童利益的公共和私人团体。因为如果这样的话，成人就只能帮助儿童做些表面的事情，而这并不能触及儿童这个社会问题的实质。相反，我们希望儿童这样一个社会问题能深深地深入到我们的精神生活中去，并能增强认识、唤起心灵。儿童并不是一个只能从外表观察的陌生人，更确切地说，童年是人一生中最重要的一个时期，因为它是成人的开始，之后儿童长大成人。

成人的幸福其实与他童年时期的生活紧密相连。我们的错误往往会落到儿童身上，并给他们带来不可磨灭的痕迹。我们终将死去，儿童却要承受因我们的错误而造成的后果。对儿童的任何影响都会影响到人类的发展，因为一个人的个性特征就是在他心灵敏感和秘密的童年时期形成的。为儿童权利不断做出的真诚的努力，将使我们发现人类的秘密，正如科学的调查使我们洞察众多自然界的秘密一样。

儿童这样一个社会问题也许可以比作一棵破土而出的幼苗，它的新鲜活力极大地吸引着我们，但它的根茎却很深且

不易挪动。如果能向下挖并去掉泥土,那么,我们就能看到和迷宫一样向四面八方延伸的根茎了。这些根茎其实就是人们模糊意识的象征。我们必须去掉多年来的沉积物,因为它阻碍成人真正地去理解儿童,阻碍成人直觉地认识儿童的心理。现在,在成人和儿童之间往往存在一种潜意识的冲突。

　　成人的鲁莽令人吃惊,他们对自己的子女麻木不仁,这已是一种根深蒂固和由来已久的现象。一个热爱儿童但又潜意识伤害他们的成人,将会给儿童留下一种内在的悲哀,这种悲哀其实正是成人自己错误的反映。更好地面对儿童这样一个社会问题,将帮助我们正确理解人的自然发展的规律,带来一种新的意识,并使我们的社会生活有一个新的方向。

玛利亚·蒙台梭利

Maria Montessori

壹

童年时期

第 1 章

今天的儿童

▎儿童的世纪

近年来,在儿童照管和教育方面取得如此令人惊奇的进展,部分归功于普遍提高的生活水平,但更多的应该归功于人们对儿童发展和教育意识的觉醒。从 19 世纪最后十年开始,人们越来越关心儿童的健康,但与此同时,也更清楚地看到儿童个性发展的重要性。今天,研究医学、哲学或社会学的任何一个分支,如果不从研究有关儿童的生活的知识出发,那么,要想取得成果是不可能的。例如,对有关儿童生活知识的研究,远比胚胎学对理解生物进化的第一阶段所给予的帮助要重要得多。虽然这些知识取自儿童的生活,但它对人类所有问题却有着更广泛和更深远的影响。儿童研究不仅把儿童作为一种肉体的存在，更作为一种精神的存在，从而给人类的发展提供一种强有力的刺激。在儿童心灵中，我们也许可以发现人类进步的秘密，也许它还可能引导人类进入一种新的文明。

瑞典诗人和作家爱伦·凯（Ellen Key）[1]甚至预言："20世纪将是儿童的世纪。"那些有耐心翻阅历史文献的人们，可以在意大利国王维克托·伊曼纽尔三世（Victor Emmanuel）[2]的第一次演说中找到类似的说法。他提到，本世纪开始了一个新时代，并称之为"儿童的世纪"。这个演说发表在1900年，恰好是20世纪的元年。

这种预言也许最完美地反映了19世纪最后十年科学在人们心中所产生的印象。那时，人们终于认识到，传染病侵袭所造成的儿童死亡率通常是成人的十倍；还认识到，儿童在严酷纪律的学校中会受伤害。但是，没有一个人能预言，儿童自身隐藏着一种生气勃勃的生命秘密，而且正是这种秘密能揭开人类心灵的面纱；儿童自身所具有的某种秘密一旦被发现，就能帮助成人解决他们自己的一些个人和社会问题。正是这

---

[1] 爱伦·凯（1849—1926），瑞典教育家。
[2] 伊曼纽尔三世（1869—1947），1900—1946年在位的意大利国王。

种秘密，为儿童研究这门新的科学奠定了一定的基础，从而能更大地影响整个人类社会。

▍心理分析

心理分析是能开拓迄今尚未知晓的研究领域的一门学科。它能使我们深入到潜意识的秘密中去，但它还没有解决实际生活中的紧迫问题。然而，心理分析能帮助我们去理解儿童神秘的生命。

人们可以说，心理分析已经突破了心理学曾经认为不可逾越的意识层，就好像最终通过了古代历史中的海格立斯（Hercules）[1]石柱，而这一石柱曾被古希腊船员迷信地看作是世界的终极。

如果心理分析迄今仍未能探测到潜意识这片汪洋大海的话，那么，就很难解释怎样通过儿童的心理分析才能使我们更深入地研究人的问题。众所周知，心理分析最初只是医学的一个分支，是治疗精神病的一种新方法。现在，心理分析确实取得了一个英明的发现：潜意识具有支配人的行动的力

1　海格立斯，古希腊、古罗马神话中的大力神。

量。心理分析通过深入到潜意识并对心理反应进行研究，使得具有重大意义的神秘因素清楚地展现出来，从而帮助人们彻底改变了原先的观念。这种心理分析揭示了一个广阔而未知，但又与个人命运紧密相连的世界。但是，心理分析还没有成功地探明这个未知的世界。它未能越过海格立斯石柱，未能冒险进入这浩瀚的汪洋大海。跟古希腊人具有一种类似的偏见一样，就是把弗洛伊德（S. Freud）[1]的理论局限于病理学的研究，而不是正常病例的研究。

在19世纪夏尔科（J. Charcot）[2]时代，精神病学发现了潜意识。在特殊、严重的精神病病例中，可以看到潜意识的表现，这种表现就像可以看到会向地壳喷发的火山内岩浆的翻腾一样。潜意识和个人意识状态之间冲突的奇妙现象，仅仅被看作是这种现象的征兆。而弗洛伊德更进了一步。他运用精巧的技术，发明了一种深入到潜意识的方法，但他几乎只关心病人的病理状态。有多少正常人会自愿忍受这种痛苦的心理分析测试呢？这种测试也是对他们的心灵进行的一种手术。正是从对精神病的治疗中，弗洛伊德推演出他的心理分

---

[1] 弗洛伊德（1856—1939），奥地利心理学家，精神分析学派创始人。
[2] 夏尔科（1825—1893），法国医生，现代神经病学创始人之一。

析理论。因此，这种新的心理学很大程度上可以认为是在个人治疗病例的基础上建立起来的。可以说，弗洛伊德虽然看到了汪洋大海，却未能去探索它，他只是把它描述成一个多风暴的海峡。这就是为什么弗洛伊德的理论是不完美的，以及为什么他治疗精神病的技术并不令人完全满意，而且总不能使病人痊愈。这就如同作为古代经验积累的社会传统反而会使对弗洛伊德理论的概括产生障碍一样。显然，为了要探索潜意识这一领域，只有临床分析技术和理论推演是不够的，还需要更多的东西。

▎儿童心灵的秘密

对潜意识这个广阔而又未知的领域的探索任务，需要借助科学的其他分支和其他研究人的起源的方法。当我们试图通过探索儿童心灵对环境的反应来解释其发展，以及目睹了儿童心灵陷入黑暗和扭曲的内在斗争的悲剧时，这种探索可能有助于我们从根本上来研究人。

心理分析有一个最惊人的发现，那就是精神病可能起源于婴儿期。从潜意识中所唤起的一些被遗忘的事情表明，儿童是尚未被认识到的痛苦遭遇的牺牲品。这个发现既给人们深刻的印象，又使人们心情不能平静，因为它与人们原先的想法是完全不同的。儿童纯洁的心理状态所遭受的如此创伤是缓慢而持续的，但人们从来没有认识到，它们是成人精神病的潜在原因。造成儿童纯洁的心理状态遭受创伤的原因，是一个处于支配地位的成人对儿童自发活动的压抑，这往往与对儿童影响最大的成人，即儿童的母亲有关。

我们对心理分析的探究应该分为两个层次。一个是比较浅的层次，它来自个人的天赋本能和他必须适应的环境条件之间的冲突，因为这些环境和条件常常与他的基本欲望相冲突。这样的冲突是能够解决的，因为把这些心灵不安宁的潜在原因上升到意识的层次并不困难。另一个是必须不断探索的更深层次，也就是童年记忆的层次。在这一层次上，并不是成人与他所处的社会环境发生冲突，而是儿童与他的母亲，或者更普遍地说，是儿童与成人的冲突。这类冲突至今还很少被心理分析触及，也就很难被解决。人们也还没有做什么努力去解决这些冲突，因此它们至今仍被当作病因的征兆。

现在，人们已经认识到，在所有疾病的治疗中，不管是身体的，还是心理的，都应该考虑到一个人童年时期所发生的事情。除心理分析外，也需要其他一些方法。那些可以追

溯到童年时期的疾病，通常来说是最严重和最难治愈的。其原因是成人的个性特征在早期就已经确定了。虽然身体的疾病已经促使了专门的医学分支的发展，例如胎儿护理和婴儿卫生等，并使社会更多地注意到儿童的身体健康，但是，对于人们的心理疾病却没有产生类似的结果。尽管人们现在已经认识到，成人严重的心理障碍以及因难以适应所生活的社会环境而遇到的困难起源于童年，却没有尝试去解决童年时的那些冲突。

之所以没有这样做，可能是由于心理分析使用的是探究潜意识的方法。这种方法虽然在成人的病例方面取得了惊人的发现，但它并不适合于儿童，事实证明会产生一定的障碍。也就是说，我们不可能启发一个儿童回忆童年时发生的某些事情，因为他本身仍处于童年状态。所以，在与儿童打交道时，更需要的是观察而不是探究。但这种观察必须从一种心理的角度来进行，目的是发现儿童在与成人及社会环境相处时所遭受的冲突。很明显，这种方式导致我们背离了心理分析的理论和方法，而进入观察社会环境中的儿童这个新领域。这种观察并不包括探究不健全的心理疾病这样一个艰难任务，而要求了解儿童心理生活中反映的人类生活现实。实际上，人类生活现实也就包括了从出生开始的整个人生。

人类心理的探究史还没有谱写出来。也就是说，还没有一个人描述过儿童遇到的障碍，也没有一个人描述过儿童与比他强大、支配他但又不理解他的成人的冲突，还没有一个人描述过儿童尚未被认识到的伤害和他娇嫩心理遭受干扰的情况，也没有一个人描述过儿童无法达到社会希望他达到的目标和一个自卑的人潜意识的自我发展。

这个复杂的心理分析问题被提了出来，但并没有得到解决。因为心理分析主要关心的是疾病与对疾病的治疗，所以它在预防儿童心理问题方面也就没有多少帮助。同时，对儿童心理的研究能够帮助心理分析，因为这种研究处理的是正常和一般的情况，将有助于消除心理障碍和预防导致精神病的冲突，而这正是心理分析所关心的。

由此，形成了一个科学地研究儿童的新领域。它与心理分析类似，但又不相同。它所关心的是正常的人而不是病态的人，它力求帮助儿童的心理发展以及关注正常儿童的教育。所以，它的目的在于促进我们对至今尚未知晓的儿童心理生活的了解，同时唤醒成人关心儿童的意识，并使他们认识到对儿童的错误态度源于他们自己的潜意识。

▎对成人的控告

弗洛伊德使用"压抑"这个词来描述儿童之所以心理紊乱的那个根深蒂固的原因,其词义本身是不言而喻的。

当一个儿童在发展过程中受到成人压抑时,他就不能发展和成长。但"成人"这个词本身是一个抽象词。实际上,一个儿童在社会中是孤立的。如果一个"成人"影响他,那一定是一个具体的成人,一个与他接近的成人。通常,这个人首先是他的母亲,然后是他的父亲,最后是他的老师。

社会赋予成人一个截然不同的角色:委托他们教育儿童,并促使其发展。但现在,当探究了人们的心灵深处之后,情况发生了变化,并对过去被当作人类卫士和恩人的那些成人提出了"控告"。可以说,所有的成人,无论母亲、父亲、教师,还是儿童的监护人,都成了被告,甚至对儿童的幸福负有责任的社会也受到了控告。在这令人惊讶的控告中,实际上存在某种启示,它就像上帝的最后审判,神秘和令人敬畏:"你们对我委托给你们的孩子做了些什么?"

对此的第一个反应是抗议和自我辩护:"我们已经尽了最大的努力。我们热爱我们的子女。我们为了他们牺牲自己。"

因此,这两种冲突的概念是相互对立的,一种是有意识的,另一种来自潜意识。实际上,这种辩护是人们熟悉和习惯的,但对此我们毫无兴趣。我们感兴趣的是这种控告,而不是谁受到控告。被控告者认为,自己照管和教育儿童已经尽心尽力,但他发现自己陷入了一个迷宫般的困境之中。与过去一样,他恍惚地迷路于广阔的森林之中,但没有找到出口,因为不知道迷路的原因,其实他的错误就在于他自己。

所有那些主张维护儿童权利的人应该敢于对成人提出这种控告,而且应该毫无例外地不断地这样做。于是,这种控告成为一件有趣的事,因为这种控告谴责的不仅仅是"偶然"的错误,而且是由于"潜意识"而犯的错误。这种错误让人丢脸,因为它毕竟意味着个人的某种失误。这样的控告使人能够自我认识,从而提高人的道德境界。的确,每一个真正的进步都来自发现和利用以前尚未发现的东西。

这就是人们对自己的错误总是态度矛盾的原因。每一个人都会为犯了有意识的错误而感到悲痛,但却为无意识的错误所迷惑。可正是在这种无意识的错误中包含着一个秘密,它使人超越某个已知和期望的目标,最终能提升到更高的水平。这就是为什么当那个中世纪骑士因个人荣誉受到侵犯而准备战斗时,他会跪在祭台前谦卑地承认:"我有罪。我首先

宣布,这是我个人的过错。"《圣经》给我们提供了一些截然不同态度的有趣例子。例如,为什么在尼尼微,人群聚集在约拿(Jonah)[1]的身边?为什么他们所有人,从国王到平民,都渴望加入以约拿为核心的那群人呢?因为约拿告诉这群人,如果他们不改变信仰,尼尼微就会毁灭,他们将成为罪人。

这确实是一种奇怪的精神现象:人们蜂拥而入地去听自己被人控告。而且,他们还聚在一起赞成控告中所说的话,承认自己的错误。实际上,尖刻和持续的控告把埋藏在他们潜意识中的东西带到了意识层。因此,所有的精神发展就是获得意识,呈现过去在意识之外的东西。实际上,正是通过这些不断的发现,文明世界进步了。

如果要用与当今截然不同的态度来对待儿童,如果要把儿童从危及他的心理生活的冲突中解放出来,首先必须进行一次剧烈的变革。在这个变革的基础上,一切也将随之而变,但它将依赖于成人。尽管成人声称为了儿童他已做了他能做的一切,并进一步宣称出于对儿童的爱,他已经牺牲了自己,但他也承认自己确实遇到了一个难以解决的问题。为此,他必须求助于在意识和主观认识之外的某些东西。

---

[1] 约拿,基督教《圣经·旧约》中的人物,据记载是上帝的仆人。

第1章 今天的儿童

关于儿童，的确还存在大量未知的东西。儿童心理中某些部分一直是未知的，但又必须了解。确实需要去发现儿童，正是这种需要引导我们去探究未知的东西。而且，尽管我们通过心理学和教育去观察与研究儿童，但仍然有成人并不了解的儿童。因此，我们必须以牺牲的精神怀着一种激情去探究它，就像那些人远涉重洋、翻山越岭去寻找隐藏的黄金一样。这就是那些企图寻找隐藏在儿童心灵深处的秘密的成人必须做的事情。这就是所有人，不管是什么国家、民族和社会地位的人都必须共同去做的事情，因为这将意味着产生对人类道德进步必不可少的要素。

成人不了解儿童，结果就是成人处于与儿童不断的冲突之中。消除冲突的方法，并不是成人应该获得一些新的知识或达到更高的文化水准。对每个成人而言，他们必须找到各人不同的出发点。成人必须发现仍阻碍他自己真正理解儿童的那种无意识的错误。如果不做这种准备，如果没有采取与这种准备相应的态度，他就不可能进一步探究儿童。探究自身的行为并不像想象的那样困难，因为即使是无意识的错误，也会引起悲哀和创伤。一提起药物，就使人感到迫切需要用它来解除病痛。一个手指关节脱位的人渴望使之复位，因为他知道只要不复位，这种疼痛就不会消除，他就不能使用手

去工作。同样地,只要他认识到自己错了,他就会强烈地感到要使自己恢复正常,否则就会使他长期所承受的软弱和痛苦变得不堪忍受。正常秩序一旦建立,一切就都会变得容易。只要认识到我们把太多东西归属于自己了,只要相信我们实际上能做力所能及的事情,那么,我们就会渴望去认识并且能认识到儿童的心灵具有与我们的心灵截然不同的特点。

这样,在与儿童打交道时,成人就会不再自私自利和以自我为中心了。以往,他们从自己的角度出发看待影响儿童心灵的一切,结果就是不能理解儿童。由于这种以自我为中心的观点,成人把儿童看作是"心灵里什么也没有的人",必须由他们尽力去填塞;把儿童看作是"孤弱和无活力的人",成人必须为他们做所有的事情;把儿童看作是"缺乏精神指导的人",必须不断地给予指导。总之,成人把自己看作是儿童的创造者,并从他们自己与儿童行为的关系的角度来判断儿童的好或坏。成人使自己成了儿童善良和邪恶的试金石。成人是"一贯正确"的,儿童必须根据他的既定标准来"塑造"。一旦儿童在任何方面偏离了成人的方式,就会被当作是一种罪恶,成人必然迅速加以纠正。一个成人如此做法,即使可以确信他对儿童充满激情、爱以及为儿童牺牲的精神,他也会无意识地"压抑儿童个性的发展"。

第 2 章

精神的胚胎

生物学序曲

当德国胚胎学家沃尔夫（K. F. Wolf）[1]发表有关发现生殖细胞分裂的报告时，他向人们显示了有活力的生命是如何发展和生长的，同时给我们提供了一个精神力量如何趋向一个既定目标的惊人例子。经过实验，他彻底推翻了莱布尼兹（G. W. Leibniz）[2]和斯帕兰札尼（L. Spallanzi）[3]等人的生理学观点：一个受精卵细胞已经含有成人的最终形式。这个时期的哲学家认为，受精卵细胞含有一个成比例缩小的人，虽然

---

1 沃尔夫（1773—1794），德国胚胎学家。
2 莱布尼兹（1646—1716），德国自然科学家、哲学家。
3 斯帕兰札尼（1729—1799），意大利生理学家。

它并不完美，但当它被置于一个适宜的环境中，这个人最终就会从中生长出来。他们是从对植物种子的观察中得出这个结论的，因为在植物种子的两个子叶间藏有一株有着叶子和根茎的幼小植物。如果把种子埋于土中，它将会生长和成熟起来。他们把这种看法搬用到了动物和人身上。

然而，在显微镜发明后，沃尔夫能观察到活的生命究竟是怎样发展的。他首先从观察鸟的胚胎开始，发现它们起源于单个受精卵细胞。显微镜显示出，这种细胞并不像人们以前所想象的含有成鸟的形式，而是像任何其他的细胞一样，有细胞核、细胞质和外层细胞膜。并且，每一个活的生命，不管是植物还是动物，最终都从这基本的、尚未显示出差别的细胞中产生出来。在显微镜发明之前，从种子中观察到的幼小植物其实是一个胚胎，它是从果实中原始生殖细胞发展起来的，一旦它被埋到土里后就会继续生长。

虽然这个生殖细胞与其他细胞不同，它会按照一个预定的进程经历一个迅速的分裂过程，但是这个原始细胞本身，丝毫没有这个进程的任何物质证据，尽管在这细胞内含有极小的物体，即决定它的遗传特征的染色体。如果我们观察一个动物胚胎的早期发展，就可以看到，这个最初的细胞先分裂成两个，接着分裂成四个，这个过程将一直继续到它们形

第 2 章 精神的胚胎

成一种中空的球体，称为"桑葚期"。当这个球体继续朝内折叠发展，于是就形成了另一个有着双层壁和张口朝外的球体，称为"原肠胚"。经过一个细胞分裂和退化的连续过程，这个胚胎拥有了复杂的器官和肌肉。实际上，并没有任何可见的设计方案，这个生殖细胞服从的只是它自身所带有的内在指令，就像一个忠实的仆人，它内心知道委托它办理的事，不需要任何书面文件就去贯彻执行了，因为书面文件也可能背离它主人的秘密指令。我们只能从这些不知疲倦的细胞所完成的工作中才能看到这个内在的进程。在这已完成的工作之外，不存在任何东西。

所有哺乳类动物的胚胎，当然，人的胚胎也是这样，最早出现的一种器官是一个小囊，后来发展成心脏。这个心脏以固定的节律搏动，其心搏是他母亲心搏的两倍。它为正在形成中的组织提供必要的营养，它搏动，并将继续不断地一直搏动。

胚胎的发展是个令人惊讶和不可思议的创造，因为它是秘密和独立地完成的。这些细胞在多种转化中不犯任何错误。有些变成软骨，有些变成神经，有些变成皮肤，它们都有各自的独立功能要发挥。然而，这个创造性的工作一直小心地隐藏着。自然界用无法知晓的材料把生长中的胚胎包裹起来，

在适当的时候再把它们打开,最后,一个新的生命在世界上诞生了。

但是,这个诞生的生命并不仅仅是一个物质的机体。它像生殖细胞一样,自身也有预定的心理机能。这个新的机体将不仅仅通过各种器官发挥功能。它也具有其他功能,但这些功能不能在单个细胞而只能在有生命的机体中才能找到。正如每个受精卵细胞本身包含了整个有机体的进程一样,新诞生的机体不管可能属于什么物种,自身都有其心理本能,这将使它能适应环境。每一个有活力的生命,即使是最低等的昆虫都是如此。蜜蜂具有惊人的本能,这使它们能在复杂的环境中生活和工作;但这种本能不能在卵或幼虫中发现,只有成熟的蜜蜂才具有。一只鸟只有在孵化出来之后才有飞的本能。实际上,当一个新的生命诞生时,它自身包含了神秘的主导本能,这将是它的活动、特征和适应环境的源泉,总之这种本能将对外部环境产生作用。

一个动物所置身的外界环境并不仅仅给它本身提供生存的手段,也为它所具有的特性提供刺激。也就是说,使它能用自己的方式为世界保持普遍的协调和守恒做出贡献。每一种动物都有最适宜于它生存的环境,每一物种都有其特殊的机体特征,这使它能对自然界的完善做出贡献。一个动物在宇宙中所处的地位从它一出生就能看到。我们知道，这个动物将很安静，因为它是羔羊；另一个动物将很暴烈，因为它是狮崽；这只昆虫将不停地工作，因为它是蚂蚁；另一只昆虫除了孤独地吟唱外别无他事，因为它是蝉。

与低等动物一样，新生儿也有其物种所特有的心理潜能。如果认为人的丰富的心理生活远远高出其他的生物，以至于只有人没有心理发展的进程，这种观点显然是荒谬的。与凶残的动物本能不同，这种动物本能在自身的行为方式中立即能看出来，而儿童的心理会深深地隐藏着，不立即表现出来。因为儿童并不受在非理性的生物中同样可以发现的那种先天本能的支配，这个事实恰恰表明他有较广泛的行动自由。这种行动自由就要求精心制作每个个体的特定部分，这既是一种个人的和秘密的作品，同时又是有难度的和精心完成的作品。所以，在儿童心理中有着一种难以探究的秘密，随着心理的发展，它会逐渐展现出来。这种隐藏的秘密像生殖细胞在发展中遵循某种模式一样，只能在发展的过程中才能被发现。这就是为什么只有儿童才能成为我们所要揭示的"人的自然模式"。但是由于他的娇嫩，就像所有初生的生命一样，儿童的精神生活需要得到保护，需要被一种适宜的环境所包围，就好比大自然用膜来包裹胚胎体一样。

新生儿

"地球上听到了一种颤动的声音,
以前从未听到过,
它来自一个以前从未运动过的喉咙。"

新生儿在出生时没有进入一个自然的环境,却进入了一个人类生活的文明化环境。那是一个"超自然"的环境。人们为了使自己有一个更安逸的生存方式,抛弃了自然的环境而建立了一个与之相反的环境。当新生儿从一种生存方式进入另一种生存方式时,他必须做出最大的努力去适应,那么,人们采用什么照管方式来帮助他呢?

出生的巨大转变要求我们科学地对待新生儿,因为在人的一生中,没有一个时期像他在出生时那样经历过如此剧烈的冲突和挣扎,并承受由此而带来的痛苦。这个时期肯定值得认真研究,但至今人们还尚未对它做过研究。在人类的文明史上应该有这样的记载:文明人并没有帮助新诞生的人。但实际上并没有这样的记载。

相反地,许多人将会说:文明社会是十分关心新生儿的。

第 2 章 精神的胚胎

但是，它是怎样关心的呢？

当一个儿童刚出生时，所有人关心的却是他的母亲，因为她经受了很大的痛苦。

儿童难道没有受过痛苦吗？

那位母亲需要专门的照顾。

儿童难道不需要专门的照顾吗？

那位母亲因为太疲乏而需要休息，所以，她的房间是安静的，光线是暗淡的。

但是，对于刚刚来自无光亮无声响之处的儿童来说，他也需要安静和暗淡的光线。新生儿是在一个没有任何袭击、没有丝毫温度变化和绝对安宁的液态环境中长大的，所以他肯定需要好好地休息。

新生儿的疲乏不仅来自两个环境之间的悬殊差别，也来自他刚刚通过自己的努力而诞生——这个使人筋疲力尽的工作。他的身体是受压抑的，就像在监狱中一样，甚至要使他的骨头移位。他来到人间，经受了在绝对的安宁和诞生时难以想象的努力之间的巨大反差。

新生儿像一位来自遥远地方的新移民，疲乏不堪，经受了痛苦。我们为接待他的到来做了些什么呢？

医生仅仅把一种毫无表情的目光投向这个新生儿，看一

看他是否活着，仿佛在说："活的，把他放到一旁去，我们现在不必担心他了。"

相反地，父母用温情和兴奋的目光凝视着他，怀着一种自我满足的心情欢迎他的到来。他们为来自大自然的一件礼物而感到无比欣喜："多乖的孩子！我的儿子！"

所有那些等待着新生儿诞生的人急切地欣赏他，赞美他，抚摸他。父亲辨认他眼睛的颜色，并尝试去摆弄他的眼睫毛，想到自己的孩子有一天会看到他并认识他，注视婴儿的同时他情不自禁地笑了起来。

但是，没有一个人认为，这个新生儿是受过痛苦，却又纯洁和不被人理解的人。

成人怎样看待这个一无所有的人？谁发现他在世界上有一双从未见过光亮的眼睛以及一对习惯安静的耳朵？这个小家伙的身体要受到大人的"折磨"——直到他们认为没有地方可抚摸才停止吗？

新生儿的娇嫩身体被一些粗糙的物体粗暴地碰触，那些不留意的成人用那双无情的手抚摸他。

事实上，家里几乎没有人敢碰这个新生儿，因为他是那么的娇嫩。他的亲属和母亲有点担心地看着他，于是在把他托付给一些"有经验的人"照管后也就放心了。没有一个人感到，需要去照管和保护新生儿幼弱的身体，然而人们在没有触摸他以前就已知道这一点了。

人们将会问："那么我们应该做些什么呢？难道有些人必须触摸那个婴儿吗？"

然而，那些"有经验的人"自己也从未学过如何照管一个娇嫩的生命。他们只知道用那双强有力的手紧紧地抱住他，不让他掉下来。人们想，只要那个婴儿诞生后是活着的，也就足够了。他们所希望的一切是为他活着而做的努力不要白费。但是，他们从来没有考虑过如何对待这个娇嫩的人。

医生粗暴地拎起这个新生儿，当他绝望地大哭起来时，所有人都满意地笑着说"那是他的声音"，并认为对新生儿来说，第一次啼哭是必要的。哭声就是他的语言，这样能清洗他的眼睛，扩展他的肺部。

出生以后，新生儿立即被穿上衣服。那时他被紧紧地包裹在襁褓中，在母亲的子宫里一直曲着的幼小身体被拉直了，动弹不得，仿佛上了石膏似的。其实，对一个新生儿来说，衣服并不是必需之物，即使在最初的一个月里也是如此。以后，随着紧裹的襁褓消失，代之而起的是轻薄柔软的套衣。

确实，新生儿最好能像绘画中常见的那样裸露着。由于儿童一直生活在母亲体内，他需要保暖，但这种温暖应该主

要来自周围的环境,而不是他的衣服。衣服实际上并不能提供温暖,只能用来保存体内已有的热量防止它散发。如果房间是暖和的,衣服就成了暖热空气和婴儿身体之间的一个障碍物。在动物照管它们幼崽的方式中,我们可以看到这方面的例证。即使这些幼崽可能已覆盖了绒毛或毛皮,它们的母亲仍然像孵化时一样对待它们,用自己的身体温暖着它们。

我们没有必要再继续谈论这种对新生儿的不关心了。我敢断定,如果美国的父母有机会对我讲,他们肯定会告诉我,他们是如何关心自己的新生儿,但德国和英国的父母就会好奇地问我:你是否了解他们在照管儿童方面所取得的进展。据我从这些国家的亲身经验中所知,他们在关心新生儿方面的确已取得了进展,但我仍然要说,世界上还没有一个国家能充分认识到新生儿真正需要什么。

如果进步在于发现以前尚未发现的东西,以及做曾被认为是没有必要或甚至不可能的事情,那么我们必须承认,虽然我们已经为新生儿做了很多,但仍有更多的事情要做。世界上任何地方的人们都应该同情新生儿。

这里我要提及另一点:无论我们多么热爱儿童,从他来到我们中间的最初时刻起,我们就本能地提防着他。本能的贪婪使我们赶紧保护自己所拥有的任何东西,即使它并没有任何内在的价值。例如，为了使儿童的小床垫不被弄脏，我们把一块不透水的床罩放在床垫和他的身体之间。

从儿童出生起，成人的心理就被这种思想支配："当心这小孩，别让他弄脏任何东西或惹人讨厌。看住他！提防他！"

我相信，当人们更好地理解儿童之后，他们就会找到较好的照管他们的方法。在奥地利维也纳，也只是最近才开始讨论使新生儿减少伤害的方法。在新生儿出生时，他的小床垫必须是温暖的，而且是用防水的材料制成，能尽快地把脏东西去除。这种迹象就是一个重要的预兆，表明成人的意识已经注意到新生儿了。

但是，对于新生儿的照管不应该仅仅局限于使他避免死亡或不患上传染病，正如当今不少现代医疗诊所里对病人所做的一样，在那里，护士用绷带把他们的伤口扎起来，这样做是为了不接触来自他们呼吸中的细菌。实际上，从新生儿诞生那一刻起，就有"儿童的心理健康"问题，要采取一些措施使他们的心理能适应周围的世界。为了达到这一点，应该在一些医疗诊所里进行实验，同时对一些家庭进行必要的宣传，以便使人们对新生儿的态度有所改变。

在一些富裕家庭里，父母仍然为他们的小孩提供华丽的摇篮，替小孩的衣服装饰考究的花边。这种奢侈表明，我们

往往忽视了儿童的心理需要。家庭财富应该给儿童幸福,而不是给儿童一个奢侈的环境。对儿童来说,最好的环境应该是一个听不到街道嘈杂声、平静安宁、光亮和温度能够调节的房间,就如在一些歌剧院里的环境那样。

另一个问题是关于搬动和拥抱这个裸露的新生儿的问题,在用手接触他时应该尽可能地轻一点。应该采用一种轻便和柔顺的支撑物的方法来抱起这个儿童,例如一个用柔软的材料做成的吊床能承受住他那整个曲在一起的身体,这时的情景就像在胎儿期一样。照管儿童,就是对儿童提供一定的帮助。掌握用手搬动和拥抱新生儿的技能,需要仔细的实践。帮助新生儿实现从垂直到水平的位置的转变,要求有专门的技能。护士早就认识到,要平行缓慢地抬起一位病人以不改变他水平的位置,是非常必要的。

新生儿是弱小的。与他的母亲一样,他逃脱了死亡的危险。当我们看到他活下来时,无意识产生的欣喜和满足在一定程度上是一种解脱感,也就是危险已经过去了。其实,这时候他可能需要帮助,有时候他可能窒息,或可能因止血机能受损而皮下出血。必须考虑到新生儿是弱小的,但是绝不能把他与患病的成人相混淆,因为新生儿需要的帮助并不是病人需要的那种帮助,而是一个迫切想使自己在身体和心理上适应陌生的新环境的人所需要的帮助。我们对新生儿的态度不应该是一种怜悯,不应该使一个有心理生活的人一直被限制在我们的感知范围之内。我曾经看到一个新生儿被放进一桶水中,差一点被淹死。当他突然下沉时,这个新生儿睁大了眼睛,伸出了小小的手臂和腿,似乎下沉令他大吃一惊。这是他第一次经历恐惧。

我们触摸和搬动新生儿的方式,以及同时在我们身上所产生的那种微妙的感情,使我们想起牧师在祭台前的姿势。在寂静和黑暗之中,只有一丝柔和的光线透过染色玻璃窗,牧师就在这种环境中主持祈祷活动,他的手是纯洁的,他的动作是慎重和经过深思熟虑的。一种希望和崇高的感情洋溢在这个神圣的场所。新生儿就应该生活在这种环境中。

如果我们把对儿童的照料与对母亲的照料进行比较,并尽可能地设想像对待儿童一样来对待母亲,那么这时就会发现我们的方法错了。我们知道要让母亲保持绝对的安静,为了不打扰她而把新生儿抱走,只有在喂奶时才抱回来。但我们给新生儿穿漂亮的衣服并用花边和丝带打扮他,这个过程颇使他心神不宁,所有这些相当于要母亲在分娩之后立刻起床穿衣去参加宴会一样。

人们经常会把新生儿从摇篮抱到肩上,又随意地把他放

在母亲身边,并不考虑他的感受,但谁也不会让母亲去遭受这样的劳累。有人还为这种做法辩护,宣称儿童没有真正的苦与乐的意识和体验,因此对新生儿过分小心简直是愚蠢的。而对不省人事或危在旦夕的成人过分的照料,我们会怎样想呢?我们通常认为他需要的只是身体上的帮助,而没有意识到需要充分关心他的想法和感情。我们对待新生儿的方法也是如此,这实在是不应该的。但我们竟然认为,这也没什么不可以。

我们不仅对人的生命的第一个时期尚未充分地进行探究,而且还没有深刻认识到它的重要性。正如我们现在所知,儿童在他生命的第一个月中所遭受的痛苦和压抑将会影响他未来发展的整个进程。如果我们能在儿童身上发现人的本质,那么,我们也就能在他身上发现整个种族未来的幸福。

我们对新生儿还没有真正的感情,因为对我们来说,他还没有显示人的特点。当他来到我们之中,我们几乎不知道如何接待他,尽管他自身已有一种力量,能创造一个比我们所生活的世界更完美的世界。

圣约翰(St. John)[1]《福音书》序中的那句话在某种意义上

---

[1] 圣约翰,与西门和彼得一起成为耶稣众门徒的核心。

适用于新生儿:"他来到这个为他创造的世界,然而这个世界并不了解他。他成了他自己,然而他的家人却不接待他。"

天赋本能

在劳累的哺乳阶段,作为高等动物的哺乳动物受照料其后代的本能的支配。一只普通的家猫给我们提供了这样的例子:它尽快地把刚生下的小猫"藏"在黑暗的地方;它尽心留意它的后代,甚至不让它们被人看到,但隔了一段时间后,当它们变成美丽和富有活力的小猫时,就让它们出来并跟随着它。

生活在野生环境中的动物对它们的后代甚至表现出更大的关心。它们绝大多数生活在较大的群体里,当雌兽快要生幼崽时,就离开它的伙伴,去寻找一个单独的隐蔽场所生下幼崽。幼崽生下来后,它让它们与群体分离两三个星期,或者一个月,甚至更长的时间。其时间长短根据物种的不同而异。在这段时间里,母亲是它儿女的奶妈和帮手,把它们藏在一个安静和隐蔽的地方,避免光线和噪声打扰它们。虽然这些幼崽通常天生就有发展得很充分的各种特有能力,很快就能站立和行走,但母亲仍精心照管它们,将它们与群体分

开,直到它们获得更大的力量,能适应新的环境。到那时,母亲才把它们带到群体中去,于是接下来它们就能生活在一个与它们有亲属关系的群体里。

无论是马、犎牛、野猪,还是狼和老虎,这些高等动物的母性本能基本上是相同的。它们表现出来的照料后代的方式确实令人感动。

一只雌犎在它的小仔出生之后,就让它远离群体好几周,同时体贴入微地照管它。小犎冷了,母亲用前腿拥着它;小犎脏了,母亲把它舔干净;小犎饿了,母亲用自己的三条腿而不是四条腿站着,以便更方便地喂奶。母亲把它带到群体中之后,继续耐心地照管它。我们发现,这在所有雌性的四足哺乳类动物中都是相同的。

有些动物并不满足于寻找一个单独的地方产下它们的后代,同时还千辛万苦地为后代准备一个隐蔽的场所。例如,雌狼会在树林中偏僻隐蔽的角落里找一个山洞。如果找不到这个隐蔽的场所,它就会在地上挖一个坑或在空心的树干里筑一个洞穴,并从自己胸脯上拔下毛整齐地铺在那里。这不仅给幼崽温暖和保护,而且也能方便地给幼崽喂奶。六七只狼崽刚出生的一段时间里,它们的眼睛仍紧闭着,耳朵也听不见声音,所有的母狼都会把自己的幼崽藏起来,几乎从不离开它们。

在这个早期阶段,所有动物的母亲都会小心地保护后代,并攻击任何接近它们的人。但是,家畜的这些母性本能常常会遭到破坏或失败。众所周知,母猪甚至会吞噬它自己生下的一窝小猪,相反地,野母猪却是最温柔和最富于感情的母亲之一。动物园里关在笼中的雌虎和雌狮也会吃掉它的幼崽。这就表明,天赋的保护本能只有在没有人为束缚的环境中才能正常地发展。

哺乳动物的母性本能清楚地表明:当幼崽第一次接触外界环境时,它们需要特殊的帮助。经过出生的考验、各种能力苏醒之后是一段关键时期,此时幼崽需要与群体分离和休息。这个时期过去之后,它们仍需要几个月的照管、喂食和保护。

那些动物母亲们并不仅仅在身体需要方面照管后代。自然早已证明:通过母体的乳奶和温暖,那些主要的物质困难在新的环境中已得到克服。母亲宁愿在这个隐蔽而孤独的地方等待新生儿的内在天赋能力的苏醒,这种天赋能力将使它成为同一物种的又一个体。这肯定只有在安静和光线暗淡的地方才能发生。在哺乳期,母亲会把它弄干净,慈爱地帮助它、训练它回到群体中去。当一头小驹的腿长得较有力时,它学会了识别和跟随母亲,其外形也更像一匹马了。这肯定是它

的遗传特征已经显现出来,但母马仍不允许任何动物接近它,直到它真正地变成一匹小马。同样地,在真正成为小猫之前,雌猫也不允许它的幼崽被人仔细察看,直到它们睁开眼睛、开始行走。

大自然显然关切地注视着动物的发展。动物母亲努力地激起它后代的潜在本能,这表明它不仅仅只关心它们的生理需要。同样可以说,除了对新生儿的身体健康给予精心的照料之外,我们也应该注意他的心理需要。

实体化

基督教最深奥的秘密之一就是实体化(incarnation)[1],"圣经化成肉体并留在我们中间"。在每一个儿童诞生时,我们也可以发现某种与这秘密相似的东西,这时一种寓于肉体之中的精神也就出现了。

以往我们把新生儿简单地看作是一个器官和组织的混合物,它们构成了一个活生生的有机体。但如此复杂的生物是怎样产生的呢?

---

[1] 实体化,指赋予形体。

第 2 章 精神的胚胎

在对待新生儿时应该考虑到他的"心理生活"。如果他一出生就有了这种心理生活，那长大以后这种心理生活将变得怎样呢？如果我们把"教育"理解为儿童的心理发展而不是智力发展，那么我们确实可以说，儿童的教育始于诞生之时。现在，从意识活动和潜意识活动的区别中，我们可以发现，儿童从诞生那个时刻起就有一种真正的心理生活。我们需要促使儿童主动建立与外部世界的联系，从而发展他的意识，这种主动关系对成人来说是印象深刻的。我们看到，被关在黑暗处的一个心灵正努力走向新生，并在一个环境中得到发展，它并不准备争取一个多么宏伟的结果。我们发现自己就在这样一个承担困难任务的心灵面前，但并不知道如何去帮助它，我们甚至可能在阻碍它。

但是必须承认，儿童的天赋本能不仅发展和滋养他的身体，而且对各种心理功能的发挥都在起作用。这种作用在无理性的动物身上具有物种的特征。就运动而言，儿童要比其他动物发展得慢。儿童诞生时，这种能力几乎没有发展，即使他已经能运用器官对光、触摸、声音等等有所反应。新生儿比任何其他生物更表现出一副引人怜悯的样子，他孤弱而不能自助，并且在很长一段时间里一直如此。他不能说话，不能行走，不断地要人留心。经过很大的努力之后，他在六

个月时学会发音,在很长一段时间里他唯一能发出的声音就是哭泣或喊叫,为了让人奔过去帮助他。要在数月、一年,甚至更长的时间之后,他才能站立和走路,学会说话需要更长的时间。对于儿童刚出生后的孤弱状态,哲学家一直很感兴趣,但教师和医生直到现在始终极少会感兴趣。

当我们可以把"实体化"这个词理解为存在一种神秘的力量时,它给新生儿孤弱的躯体一种活力,使他能够生长、站立和说话,并进一步完善,那么我们可以把儿童心理和生理的发展说成是一种"实体化"。

认为儿童的肌肉乏力并因此妨碍他站立和坐下,或者认为儿童没有自然协调运动的能力,这种观点是极其错误的。一个新生儿的肌肉力量无疑是通过其推拉的动作而得到证明,没有什么比儿童从最开始就实现吮吸和吞咽之间的协调更完美的了。儿童所处的自然环境胜过那些小动物所处的自然环境。儿童的生理和心理发展处于一种协调的关系之中,他们肯定会表现出某种特征,但不是物种的特征,而是个体的特征。物种的本能也会明确地显现出来,但将强加上某种基本特征,比如所有幼小的哺乳类动物在出生后几乎立即就能站立、行走和拥有它们自己的"语言"。我们知道,当每一个小动物充分生长时,有些情况是相像的。如果是一头幼鹿,它就能轻快并敏捷地行走；如果是一头大象，它就缓慢并笨重地行走；如果是一头老虎，它就是凶猛和有利齿的；如果是一只兔子，它就在嫩绿的田野上从容地觅食。这样的特征是不会改变和混淆的。但是，十分奇怪的是，儿童在相当长的时间里一直是软弱的，而每一个儿童又可以展现其个人的变化，这就构成了一个谜。他可以做任何事情；他孤弱的外表构成了个体的特点；他不清楚的嗓音终有一天将会说话，但我们还不知道他用什么语言；他将说出从周围人那里模仿来的语言，经过很大的努力直到说出语音和音节，最后是单词；他将有意在与环境的关系之中发展他的所有功能。因此，在某种意义上，儿童就是他自己的"创造者"。

儿童的运动器官的活力就是个人机能的"实体化"，具有他自己的特征。一般认为，这类似于人体是运动器官的复合体。从生理学角度来讲，人体是随意肌的复合体。正如运动器官的名称所表明的，它们能由意志驱动。这最有力地证明了运动是与人的心理生活紧密相连的，但是如果没有器官和工具，意志将一无所成。

人与动物的差别就在于：动物就像成批生产的物品，每一个个体都具有它的物种所特有的特征。相反地，人就像手工制作的物品，每个人都不相同，每个人都有自己创造性的精

神,这使他成了一件手工艺术品。但是在任何的结果外显之前,必须先完成内在的工作,因此,那不是一件现成和简单的复制品,而是一种新型和积极的创造物。当这个物品最终出现时,它将使人们感到惊叹和不可思议。

任何动物,即使是最低等的昆虫,尽管它具有本能,但由于没有运动器官而得不到表达。人是生命的最高形式,肌肉是如此众多与复杂,以至于很多学习解剖学的学生说"要记住所有肌肉,你至少必须仔细研究七遍"。这些各种类型的肌肉一起工作,表现出各种复杂的动作。有些是主动的,有些是被动的;有时候它们一起工作,有时候它们相互对抗。一种抑制力总是伴随着一种驱动力,并对这种抑制力进行纠正。那是真正的交往,许多肌肉一起协调工作,完成最复杂的动作,例如杂技演员的动作,或能把最细微的动作传递到琴弓上的小提琴演奏家的动作。这些动作和每一次转调都要求无数的肌肉同时行动,就如同一支肌肉大军,每一块肌肉都在发挥作用以达到完美的效果。

即使这种动作的准备并非全部离开自然环境,但实际上有一部分,即指明方向和意义的最高级的那部分是归于个人能力的。这种源于自然的能力是神奇的。我们在谈论人的时候,这是必须考虑的第一个事实。总之,人的有活力的心灵

第2章　精神的胚胎

肯定会在行动中体现出来，在世界中表现它自己。这是儿童生活的第一个篇章，也是人的第一个任务。

如果个人的实体化就是指儿童的心理发展，那么，儿童肯定具有一种先于生理生活的心理生活，这种心理生活早就存在了，而且没有任何外部迹象引起人们的注意。在意识开始时表现出犹豫和懦弱，使感觉处于与它们的环境的关系之中，并立即通过肌肉的运动而尽力表现出来。在个人与他的环境之间存在着一种相互影响的关系，或者说，在精神的胚胎与环境之间存在着一种相互影响的关系，正是通过这种相互影响，一个人形成了他自己，完善了他自己。这种原始的活动可以比作脉冲囊的作用，它在精神的胚胎中表现为心脏，使营养进入胚胎体的各个部分。与此同时，心脏吸收来自母亲血管中的养料，这是它维持生存所必需的环境。因此，心理个性的形成和发展依赖于这种与外界环境有关的运动原理的作用。儿童努力从他的环境中去吸收东西，通过这样的努力，他的个性得到了很大的发展。这种缓慢和渐进的活动是一个连续的过程。通过这个过程，人掌握了各种工具。在这个过程中，人的心灵必须继续保持警惕和维持力量，不至于因丧失活力而变得机械呆板。它必须不断地下命令，以便不受本能支配的活动不会因退化而陷入混乱状态。为了防止这

种情况,就要求我们努力增强心灵的活力,使实体化这项无止境的工作不至于终止。因此,正如胚胎变成儿童、儿童又变成成人一样,人的个性也是这样通过自身的努力而形成的。

父母对他们子女的生命有什么贡献呢?事实上,父亲提供了一个看不见的细胞,母亲除了提供另一个细胞外,还为这个受精的卵细胞提供了一个生活环境,以便使它能最终发展成为一个小孩。说父母创造了他们的小孩,那是不对的,相反地,我们应该说"儿童是成人之父"。

我们应该把儿童的这种神秘力量当作某种神圣的东西,并努力去展现,因为正是在这个创造性的时期,个人未来的个性被确定下来了。这就是为什么必须科学地研究儿童的心理需要,以及为什么必须为这种需要准备一个适宜的环境。

人们所面临的最大问题之一,就是他们并没有认识到儿童有一种积极的心理生活。因为儿童当时并不能把它表现出来,而且只有经过一个漫长的时期儿童才能秘密地完善这种心理生活。在这个发展过程中,始终有一个拥有惊人力量的"巨人"站在儿童旁边,随时准备猛扑过去并把他压垮。如果儿童个性发展的关键在于他自己,如果他的发展有一个过程及其必须服从的规律,那肯定存在着一种神秘的力量。但是,成人不合时宜的干预阻碍了这种力量的秘密发挥。当成人这

第 2 章 精神的胚胎

样做的时候,他们声称自己拥有一种几乎神灵般的力量,使自己成为儿童的神,并致力于《创世纪》里的那句话:"我将按我的想象来创造人。"成人的这种念头,正是导致其所有子孙后代痛苦的原因。

儿童是一个谜。没有一个人对儿童的"实体化"做好准备,甚至没有人知道什么是"实体化"。事实上,正在实体化的儿童是一个精神的胚胎,他需要自己的特殊环境。正如一个肉体的胚胎需要母亲的子宫并在那里得到发育一样,精神的胚胎也需要在一个充满着爱的温暖和营养丰富的环境里得到发展,那里的一切东西都不会伤害它。当成人最终认识到这一点时,他们将会改变对儿童的态度。把儿童看作是一个正在实体化的精神生命,这不仅激励着我们,而且还赋予我们新的责任。当我们看着他们那如玩具般幼小却富有魅力的身躯,同时对他们倾注巨大的关怀时,我们才开始真正理解古罗马诗人朱维诺尔(Juvenal)所说的那句话:"应该把最崇高的敬意献给儿童。"

第 3 章

形成中的心理

▍敏感期

在婴儿能运用他的表达手段之前,他的敏感性引发了一种初步的心理结构,但并没有明显的表现。

使人难以理解的是,最幼小的婴儿已经有了自己的心理生活。因为在他幼小的身体上确实表现出实体化的现象。我们因而可以设想,人的心理隐藏在婴儿孤弱无助的身体之中,这种早已存在的心理发展尽管无声无息,却是敏感的。

然而,这种观念并不确切。同样地,新生儿内部早已有了一种完全形成了的语言,但说话的运动器官还不能将它表达出来,因此所存在的仅仅是一种构建语言的倾向。这种观念同样适用于他心理生活的各个方面,例如,语言是外部表现形式。婴儿具有一种创造的能力、一种潜在的能量，因此能构建一个与周围环境不同的心理世界。在这个方面，他将面临一些阻碍和冲突，需要为保护自己的心理生活而斗争，尽管这种心理生活是无意识的或与实际联系很少的，但一些不可抗拒的结果将被看作它工作的最后成就。如果没有人帮助他，或者环境不准备接纳他，那么他的心理生活就会处于持续的危险之中。可以说，幼儿是一个在世界上迷失方向的人。

在婴儿心理发展的过程中，婴儿完成的一些事情如此令人惊讶和不可思议。熟视无睹的习惯使我们成了漠不关心的旁观者。然而，一个儿童是如何从一无所知到使自己适应于这个复杂世界的呢？他是如何区分事物并在没有教师的帮助下，仅仅依靠生活，奇迹般地学会一种语言的呢？他天真无邪、十分高兴地生活，丝毫不知疲倦。但成人的情况就不同了，成人需要如此多的帮助才能使自己适应一个新环境，必须努力工作才能学会一种新的语言，甚至使他从幼年时就说的母语臻于完善也需要付出很大的努力。

只是在最近，我们才可能问自己：这样的发展依靠什么，一个充满活力的生物是如何发展的？

当我们说到意识的发展，其实我们只能说到一种外表上

显而易见的事实。只是在最近,我们才逐渐知道它的内部机制。现代科学采用两种方式来了解这种内部机制:一是研究影响身体生长的内分泌腺,这引起了一种直接和广泛的兴趣,对儿童健康的关注产生了非常实际的影响;另一种是对敏感期的研究,这种研究使我们对儿童心理的发展有了更多了解。

荷兰科学家德佛里斯(H. De Vries)在一些动物的生活中发现了敏感期的存在。但是,在我们的学校里,也观察儿童在他们家里的生活,我们第一次发现了幼儿的敏感期,并把它运用到教育工作上。

这些敏感期是与一些特殊的敏感性相一致的,这种敏感性可以在生物的发展过程中找到。它们是暂时的现象,目的是获得一种明确的特性。一旦获得这种特性后,相关的敏感性也就消失了。因此,每一种特性都是借助一种刺激的帮助而获得的,一种短暂的敏感性只能在一个特定的发展时期中出现,也就是说,在相关的敏感期中持续出现。

因此,发展并不是某些模糊的事情、某种不能改变的内部遗传,而是受一些短暂的本能细心指导的一种工作,从而带来了对某些确定活动的渴望。不过,这些活动与他在成人时期所从事的那些活动常常是截然不同的。

在生物学中,德佛里斯第一次研究了这些敏感期。这些

第3章 形成中的心理

敏感期常见于活的生物通过变形而达到成体状态的过程中，昆虫就是这样的情况。我们以蝴蝶的幼虫为例，蝴蝶的幼虫必须吃非常嫩的叶子，此外蝴蝶把它的卵产在树枝最隐蔽的角落里，那里靠近树的树干，既安全又隐蔽。当这些幼虫刚钻出外壳时，是什么东西告诉它们所需要的嫩芽可以在树梢上找到呢？是光线！蝴蝶幼虫对光线特别敏感。光线吸引着它，似乎有一种不可阻挡的力量在召唤它，把它迷住了，这些幼虫沿着树枝蠕动向前爬，而那里正是最亮的地方。在那里，它找到了嫩叶并当作滋养的食物。一个惊人的事实是：当蝴蝶幼虫通过了它的第一阶段，长大到能吃其他的食物时，它对光线的敏感性也就失去了。这种情况在科学实验室里得到了证明。在实验室里，既没有树也没有叶子，只有蝴蝶幼虫和光线。在一个用于实验的暗箱里，蝴蝶幼虫会迅速地向任何的一线光亮蠕动，能穿过暗箱的一个孔。但在某个时期之后，光线对它完全没有吸引力了，它对光线敏感的本能也就不起什么作用了。蝴蝶幼虫开始沿着另一条道路发展，寻求另一种生活方式。

同样是这只幼虫，出现了一种相似的灵敏的感受性。它立即从如此贪吃致使植物毁坏的虫子摇身一变，而成为一个斋戒的苦行僧。在严格的斋戒期内，它十分迅速地为自己造

了一具"石棺"并葬身其中,好像已经死去一样。这份建造的工作是紧张和不可阻挡的。最后,它为自己配备了闪烁光亮的翅膀,以待不久后从石棺中飞出,变成一只美丽的蝴蝶。

人们都知道,蜜蜂的幼虫都要经过这样一个阶段。在这个阶段里,所有的雌幼虫都可能成为蜂皇,但这个蜂群只能选择一只雌幼虫作为蜂皇。工蜂会为她准备一种称为"皇浆"的特殊食品,被喂了这种极好的食物之后,这个雌幼虫就成为蜂群的蜂皇。如果工蜂挑选时,她已经年岁较大,那就不可能成为一只蜂皇,因为她已经不可能再有贪婪的食欲,她的身体也不可能再发展成一只蜂皇。于是,这个蜂群只能选另一只雌幼虫当新的蜂皇。

这些事实可以使我们理解儿童发展问题的关键。实际上,与这些动物最大的不同是,儿童内部具有蓬勃的冲动力,由此使他表现出惊人的行动能力。如果失去这些冲动力,那就意味着他将是盲目和无活力的。不过,成人并不能从外部对儿童的内部冲动力产生影响。

儿童在敏感期里会有一些收获,并使他以一种特别强烈的方式与外部世界发生关系。于是,对他来说,一切都变得容易、热切和充满活力,每一次努力都是力量的增加。当这些心理上的激情耗竭时,另一些激情又被激起。儿童以一种

第 3 章 形成中的心理

持续的生气勃勃的节律,从一种征服到另一种征服,由此构成我们所说的"欢乐"和"天真"。正是通过这种心灵纯洁的火焰,不断地燃烧着而没有浪费,人也开始创造自己的心理世界。

因此,儿童越来越强的生命力说明了自然征服的奇迹,这在他的心理发展中可以观察到。

我们可以将所说的"实体化"和敏感期比作是观察心理内在形成过程的两个探视孔,因此我们可以看到,内部器官正在工作,并决定着儿童心理的发展。

这些研究成果越来越清楚地告诉我们,儿童心理的发展不是偶然发生的,也不是由来自外部世界的刺激所引起的,而是受短暂的敏感性,即与获得某种特性相关的暂时性本能指导。尽管这种发展依靠外部世界,但外部世界并没有决定性作用,它仅仅提供儿童心理生活所必需的手段,就像身体通过吃和呼吸从外部世界获得肉体生活所必需的手段一样。

我们已说过,内在敏感性决定着儿童从一个适宜生长的复杂环境中选择一些必要的东西。内在敏感性使儿童仅仅对某些东西产生敏感,而对其他东西却漠不关心。当他对某些东西敏感时,就像来自他的一线光亮照在这些东西上,而没有照到其他东西,被照亮的东西也就构成了他的整个世界。

但是,这并不仅仅意味着他强烈渴望在一个特定情境中去吸收知识。儿童具有运用这些东西来发展自身的独特能力,因为他在敏感期中进行了心理的调整,从而使他能在生活中运用自己的运动器官,并表现出内在的和灵敏的特点。

在儿童和他所处的环境之间的这些感觉关系中,存在着打开神秘壁龛的钥匙。在这个壁龛里,精神的胚胎创造了发展的奇迹。

我们可以把这种奇妙的创造活动设想为一系列来自潜意识的强有力的冲动。通过这些冲动与外部世界的接触,人产生了意识。这种意识最初是混乱的,后来能区分清楚,最后能进行创造性活动。例如,婴儿学习说话就是这样。一开始,环境中的那些声音是杂乱无序的,突然婴儿听到一种清楚的、有魅力的和有吸引力的声音,就像是一种难以理解但又十分清晰的语言独自发出的声音。这时,婴儿那尚没有思考力的心灵仿佛听到了一种响彻世界的音乐。于是,婴儿的力量被激发起来,但并不是他的全部力量,而仅仅是那些必须起作用的力量。这些力量通常是隐藏着的,只有在不正常的哭泣、叫喊时才被表现出来。现在,它们以一种有规律的运动活跃起来,并在一种命令下有序地改变它们的运动方式,这是为精神的胚胎的秩序所准备的一种新的节律。但是,他自身专心致志于目前的生活,他的未来发展仍是未知的。

渐渐地,儿童的耳朵能分辨出不同的声音。他的舌头也有了新的运动,原来仅仅用来吮吸,但现在开始体验到一种内在的震动。似乎在一种不可阻挡的力量推动下,它伸缩着去寻找喉咙、嘴唇和脸颊。这些震动是有活力的,然而除了带来一种无法表达的乐趣外,并没有任何的目的。

儿童的敏感期就是在工作,一种神圣的力量正在使儿童孤弱无助的状态消失,并用它的精神去激发他。

在一个婴儿的生活中,这内在的戏剧是一出爱的戏剧。从最广泛的意义上来说,爱是一种最伟大的现实,正在儿童心灵的秘密壁龛里展现出来,并经常吸引着儿童的整个心灵。这些惊人的活动并没有停止,留下了不易除去的痕迹,但人通过这些活动将变得更加伟大,并因此具有更崇高的特性,这些特性将伴随终身。然而,这一切都是在人们不知不觉的情况下发生的。

为什么这一切都是悄悄进行和难以察觉地发生?因为外部环境的条件能充分满足儿童的内在需要。例如,说话这件事就是整个生命过程中最难以察觉的,它与敏感期的联系时间也最长。它之所以秘密发生,是因为婴儿总是被人们包围着,人们通过说话为他的语言发展提供了必需的条件。使我

们了解婴儿的敏感状态的唯一外部迹象是他的微笑,当我们用同一种清晰而简短的词语与他说话时,他会明显地表现出高兴的样子,因此,他能区分不同的声音,就像我们能区分教堂的钟声一样。还有,当成人在傍晚对儿童唱催眠曲、一遍又一遍地重复相同的歌词时,我们可以看到他慢慢安静下来并处于一种天使般的宁静之中。正是在这样的快乐之中,他进入了梦乡。我们为什么要用爱抚的语言与儿童说话,其原因就是要使生活中充满微笑。从远古时代起,人们一到傍晚就会对他们的子女讲故事或唱歌,以满足其在这方面的渴望,并给予心灵上的一种安慰。

这就是儿童有创造力的敏感性的正面证据。

但是,还有其他一些更为明显的反面证据。当外部环境反对儿童正在秘密起作用的内在本能时,我们看到它引起了儿童心理的失调和畸变,其结果将会伴随儿童的一生。如果婴儿不能受它的敏感期的指导,那么,他也就失去了一种自然征服的机会,而且永远失去了这种机会。

当某些东西阻碍了儿童的内在本能起作用时,敏感期的存在便通过一些激烈的反应表现出来。我们可以把它看作是一种没有原因的绝望,认为是"任性"和"发脾气"。"发脾气"表示一种内在的障碍、一种需要没有得到满足和心理紧张的状态。儿童的心灵为他所需要的东西而大声疾呼,来寻求对自己的保护。

发脾气的表现是,有越来越多的无用和烦躁的行为,可以把它比作婴儿没有相应的病理原因就发烧。正如我们所知,儿童生病通常体温会升得很快,但来得快也去得快,然而这种病对成人来说是没有什么影响的。同样地,在心理方面我们发现一种强烈的焦虑不安,它出于一些细小的原因,与婴儿异常的敏感性联系在一起。这些反应一度引起人们的注意,实际上,幼儿的脾气几乎从他一出生就表现出来了,可以把它看作是人固有的反常心理的证据。当然,如果把每一种生理方面的失调都看作是一种功能性疾病的话,那么,我们必须把心理方面的失调也称为是功能性疾病。因此,婴儿的第一次"发脾气"也就是他心理上的第一次生病。

人们已经观察到这些激烈的反应,因为一些病理事实总是首先引起注意的。不是平静而是失去平静本身成为一个值得思考的问题。最明显的事情不是自然规律,而是对自然规律的违背。生命的创造和保护本能的事实仍然隐藏着。在身体的功能方面,内在器官的机制确实是有点令人惊讶,但没有一个人看到或注意它,甚至依靠这些内在器官而活着的个人也没有意识自己的生理组织是如此巨大。自然界是在不知

不觉中工作的,我们把能力的协调平衡与发展称为"健康"或"正常状态"。

可能在健康尚未受到注意、对未知的情况感到难以理解时,我们已具体地了解到疾病的所有细节。事实上,在医学史上一些疾病从古代起我们就已经知道了。医学最早可以追溯到希腊和埃及的文明社会,我们发现了史前人类遗留下的施行外科手术的痕迹。然而,我们最近才对内部器官的功能有所了解。血液循环是在17世纪时被发现的,为了研究内部器官的第一次人体解剖是公元1600年进行的。也就是说,对病理的研究间接地促进了对生理学秘密即正常功能秘密的发现。

因此,人们仅仅意识到儿童的一些心理疾病,而对他心理的正常工作的了解仍处于十分朦胧的状态,这并不使人感到惊讶。如果我们考虑到这样的心理功能是极其微妙的,它是在隐蔽的地方秘密地工作而不会表现出来,那就更好理解了。

我们可以大胆甚至有些荒唐地说,成人只知道儿童心理的疾病,而不知道儿童心理的健康。健康的心理仍被隐蔽着,像所有的宇宙力量还没完全被发现一样。

如果情况确实如此,如果我们必须把婴儿看作处于隐蔽力量之中未知的一个秘密，如果他的心理生活是在功能性失调和病态的背景下发展的，那么，多种畸变所产生的必然结果将致使他盲目、衰弱、发展迟缓。这并不是一幅想象中的画面，而是目前现实状况的反映。在生活开始时的毫厘之差会导致以后生活中的天壤之别，人并没有在代表他自己的方面得到发展和达到成熟。

心理生活

成人并没有对婴儿提供真正的帮助，因为他甚至不了解婴儿做出的努力，所以并没有清楚地认识到那个正在发生的奇迹。从无到有地创造奇迹，这显然是由一个拥有心理生活的人所完成的。

敏感期这种观念带来了一种对待婴儿的新方式。但到目前为止，婴儿仅仅被看作是一个幼小的植物性身体，除了迫切需要身体上的照料外，其他一概不需要。现在流行着一种对儿童心理表现的看法：在对儿童的照管中，我们不仅必须考虑存在什么，而且要考虑它能发展成什么。成人必须对实体化过程中乃至新生儿的心理现象不再处于一无所知的状态。我们必须跟随儿童的早期发展，并对他给以激励。我们并不

是帮助婴儿去长大，因为那是自然的任务，且必须重视他的心理表现，提供他成长所需要的东西。总之，成人必须为精神的胚胎提供一种适宜的环境，就像在母亲的子宫里为肉体的胚胎提供一种适宜的环境一样。

为了证明最幼小的儿童也具有心理生活，我们并不需要进行科学实验，因为通过实验心理学是能够理解这些情况的。正如一些现代心理学家所尝试的那样，试图通过给儿童提供感觉刺激以引起他的注意，并期待一种运动反应。这种运动反应恰恰表明了一种心理反应。

首先要说的是，有一个事实很难被证明。那就是，在某个阶段（实际上可能是生命的第一年），儿童的运动器官已实现了心理协调，也就是说在这个阶段生物成长或实体化的过程正积极进行，而且肯定会存在一种心理生活，但它是不成熟的，它先于任何生物的随意运动，因为它是激发这种运动的灵魂。

最早的激励方式是由感觉提供的。正如莱文（J. Levine）[1]用他的心理学电影所显示的，一开始儿童若想要某个东西，他只会用探出他整个身体的方式去接触那个东西。只有过了

1　莱文，美国心理学家。

很长时间后,随着运动器官的协调发展,他才能分离各种动作,例如为了得到想要的东西,他就会伸出他的手。

另一个例子是关于一个四个月大的婴儿。这个婴儿喜欢看着说话者的嘴唇,尽管他无法清楚地表达自己,他的嘴唇也不能做好发音动作,但最重要的是从他的脸上已能看出一种敏锐的注意力,表明他被面前那个有趣的现象吸引住了。到六个月时,虽然这个婴儿开始发音甚至使用一些独立的音节,但上述情况依然如此。因此,在最早的清晰发音之前,这个婴儿表现出一种可以觉察到的对说话的兴趣,秘密地准备激发他的发音器官,因为已存在着一种激发的心理因素。对这样的敏感性,我们能通过观察得知,而不能从实验中得到。事实上,那些实验心理学家尝试过类似的实验,它们能在外界环境中进行,但会破坏婴儿心理的秘密工作,因为婴儿在预定的时间之前肯定会消耗过多精力。

对婴儿心理生活的观察必须采用法布尔(J. H. Fabre)[1]观察昆虫时的方法。当昆虫在自然环境中生活时,为了仔细观察它们,法布尔将自己隐藏起来,尽量不去打扰它们。同样地,只有当儿童的感觉器官有意识地积累对外部环境的印象

---

1 法布尔(1823—1915),法国昆虫学家。

时,我们才开始观察他们,因为从那时起一个生命才会依靠外部环境自然地发展起来。

为了帮助儿童,成人并不需要发展一些特别的观察能力来解释他们的行为。事情很简单,成人应该做好心理准备去帮助儿童隐藏起来的心理。而且,有关儿童的常识足以使我们成为儿童的追随者。

正如一些例子所示,对儿童的照管既是简单的,又是实际的。我们知道,婴儿还不能站立,所以他总是躺在那里。因此,他最初与其环境形成的感觉关系一定是与天空而不是与大地形成的,然而成人却防止他看天空。事实上,他躺在那里,通常凝视着房间里白色的天花板或童车的篷盖。然而,通过这样的情景,这个婴儿肯定能获得最早的感觉印象,以便为他饥饿的心灵提供滋养。

那些认为婴儿需要看到一些东西的人往往会把一些物品放在他面前,以便把婴儿从单调的环境中吸引开来。正如那些实验心理学家所做的,这些本意良好的人会把一只能摇动的球或有颜色的物品挂在婴儿的摇篮上。婴儿渴望拿到它或者由此想象他自己的环境时,为了使自己的眼睛跟随面前晃动的那些球或玩具,他就要努力转动自己的身体。这种努力是不自然的,会使婴儿处于十分别扭的姿势和运动之中。其实，我们最好把婴儿放在有点倾斜的床上，这样他至少能俯视房间里的环境。同样，我们也可以把婴儿放在花园里，那里飘动的树叶、鲜艳的花朵、跳跃和奔跑的动物将为他构筑一个生气勃勃的景象。

让婴儿长时间看到相同的景象是必要的。因为他看到同样的东西，就能学会识别它们；他看到它们总是放在同一个地方，也就学会了区分无生命物品的移动和有生命生物的运动。

外部秩序

儿童总是通过物体的外部秩序来认识周围的环境，并理解自身与环境的关系。

最幼小的儿童的一个特点就是对秩序的热爱。一岁半或两岁的儿童能清楚地指明一些东西，他们甚至很早就具有了这种能力，但并没有引起人们的注意。他们需要自己周围的环境有秩序。儿童这种对秩序的热爱不能与一位好的家庭主妇进行比较。当家庭主妇说："我爱我的家，我希望它一直是整洁的。"她仅仅是说说而已。婴儿就不能生活在杂乱无序的环境里，杂乱无序会干扰他，使他心烦意乱。他会通过绝望的叫喊来表达自己的痛苦，甚至会采取生病的形式表达焦虑。

婴儿能直接意识到一种杂乱无序的情况，而成人和更大一点的儿童往往对此没有察觉。外界环境的秩序明显地影响他的敏感性，但当他更大一点后这种敏感性也就消失了。所以，那些周期性的敏感性恰恰会在发展过程中的生物身上出现，我们称之为"敏感期"。这是一个最重要和最神秘的时期。

可令人惊讶的是，虽然儿童在敏感期内会考虑到外部秩序，但每个人都认为儿童天生就是杂乱无序的。这种自相矛盾的说法源于这样的事实：婴儿不能指出他在一个环境中的位置，因为这个环境并不是他自己的。在这个环境中，教师比婴儿更强有力，不理解婴儿并认为婴儿是任性的。然而，那种扯着嗓子随意哭闹的婴儿、无论怎样安抚都不停止哭泣叫喊的婴儿，我们见得还少吗？显然，婴儿的心灵里隐藏着成人不了解的秘密。

因此，给予成人建议和指导是十分必要的。这样，他就可以立即意识到婴儿心灵里隐藏的秘密，并将看到他如何展现这些秘密。

在我们的学校里，如果东西没有放在它规定的地方，两岁大的儿童就会注意到并把它放回去。同样必要的是，为了使儿童养成保持整洁的习惯，在我们学校里几乎所有不必要的东西都被排除掉。为了表现对秩序热爱的倾向，儿童应该

第 3 章 形成中的心理

是自由的。

在巴拿马运河通航的那一年举办了旧金山博览会,在博览会的中心大厅里展出了我们学校的图片。公众能从这些图片上见到这样的景象:一个两岁儿童在放学后把所有椅子沿着墙壁放好。在这个过程中,他看上去若有所思。有一天,他倚靠着一把大椅子,一时不知道该怎么办,经过思考后他把这把大椅子放在与其他椅子相隔不远的地方,实际上那里正是这把大椅子通常放的位置。

又有一次,一个大约四岁的儿童在把水从一个容器倒入另一个容器时,将一些水洒在地板上但他并没有看到。这时,一个年龄更小的儿童拿着一块抹布坐在地板上,当水掉在地板上时,他就马上擦干净,那个大孩子并没有注意到这种情况。当他停止倒水时,那个更小的孩子问:"你还有吗?"于是那个大孩子惊讶地反问道:"还有什么?"

但是,如果没有为儿童准备一种适宜的环境,或者儿童发现他在成人中不能平静地表达自己的想法,那么,这些有趣的表现形式就会变成一种难以解释、没有价值和痛苦的事情。

在婴儿的需要得到满足时,敏感性的征兆通常表现为欢乐和热情。对于成人来说,为了发现婴儿身上这种敏感性的

明确征兆,有必要去学习幼儿心理学,因为对秩序的敏感期出现在儿童出生后的最初几个月里。那些受过训练并根据我们的原则去做的保姆能提供这样的例证。这里我可以举一个例子:一位保姆每天用童车推着一个五个月大的婴儿,慢慢地通过房子前的庭园。这个婴儿一看见旧灰墙上镶嵌的一块白色大理石碑,就表现出特别的兴趣和欣喜。尽管庭园里遍地都是讨人喜欢的花朵,但是,每当她们走近那块大理石碑时,这个婴儿总是特别的兴奋和高兴。所以,这位保姆每天都把童车停在那块大理石碑前,似乎这是唯一能使出生不久的婴儿持久欢乐的事情。

但是,我们也应该看到,一个敏感期的存在更可以通过儿童所遇到的障碍清楚地表现出来。也许在大多数情况下儿童发脾气是由这样的敏感性而引起的。

我可以提供一些来自现实生活中的例子。在一个小家庭里,婴儿只有几个月大,他习惯躺在一个有点倾斜的大床上,以便俯视他周围的环境。他的房间实际上是根据生理卫生学原理布置的一个可以盥洗的保育室,房间并没有漆成通常的白色。窗格玻璃是彩色的,房间里面布置了一些小型家具,一张铺有黄色台布的桌子上面摆着鲜花。有一天,一位客人来到她家里做客,把她的阳伞放在那张桌子上。于是,这个

第3章 形成中的心理

小婴儿开始变得焦虑不安。这把阳伞肯定是她焦虑不安的原因，因为她是在凝视这把阳伞后开始哭泣的。大人以为这个小女孩想要这把阳伞，可当客人把阳伞拿给她时，她却把它推开。阳伞又被放回到桌子上。尽管保姆把这个小女孩抱到那把阳伞的旁边，但她继续哭泣，并进行挣扎。就在这时，这个小女孩的母亲从桌子上拿起这把阳伞，并把它放到房间外面去，因为她对儿童早期的心理征兆有所了解。小女孩立即就变得平静了。她之所以焦虑不安就是因为那把阳伞放错了地方，这严重地违反了她需要记住的那些东西摆放的通常秩序。

再举另一个年龄更大的孩子的例子。有一天，我与一群旅行者一起穿越那不勒斯的尼禄洞穴，其中一位年轻的母亲带着她大约一岁半的孩子。由于这个孩子年龄太小而不能自己走完地下洞穴的整个行程，没过一会儿就累了，他母亲只得抱起他，但她高估了自己的力气。慢慢地，她抱着孩子走路觉得太热，便脱下外套并把它搭在手臂上，这对她抱孩子是有妨碍的，这时孩子开始哭起来，而且哭声越来越大。她努力使他安静下来，但一点用也没有。这位年轻的母亲显然累垮了，表现出十分苦恼的样子。这引起了所有人的关注，其他人自然很想帮助她。母亲将小孩从一只手转到另一只手

里,但他仍在挣扎和哭泣。我们每个人试着和他说话或训斥他,但这只使情况变得更糟。

看起来好像这个母亲应该抱他,但是他正处于一种我们称为"发脾气"的状态,因此改变抱的姿势似乎并没有用。主导本能使这个小孩叫喊得更厉害。旁边的一个人说:"让我来抱。"他十分严肃地用自己强有力的手臂抱着这个小孩,但小孩的挣扎变得更激烈了。

我想到了幼年期的秘密,以及这个小孩的反应肯定是有原因的,于是我走上去对这位母亲说:"请问我可以帮你穿上外套吗?"她惊讶地看着我。因为仍觉得很热,所以她被我说的话弄糊涂了,但她听从了我的话,让我帮她穿好外套。很快,这个小孩立即安静下来,不仅停止了哭泣,还停止了挣扎。好像他在说"妈妈,穿上外套",或者"妈妈,外套就应该是穿上的"。也许他想,"你们终于知道我的意思了"。他把手伸向母亲,并露出了微笑。做出这种动作时,他完全是平静的。对他来说,外套就是要穿在身上,而不能像一块布那样搭在手臂上。这位母亲身上的无序现象是一种不和谐的障碍,并影响了她的孩子。

另一个家庭的情景是我见到的最有启发的一个例子。那位母亲觉得身体有点不舒服,就躺在沙发上,保姆给她放了两只靠垫。这时,她那仅 21 个月的女儿走到她面前,要求她讲"故事"。作为母亲,她怎么可能拒绝孩子提出的这个要求呢?虽然母亲仍感到不舒服,但开始讲故事,这个小女孩全神贯注地听着。但是,后来她实在无法继续把故事讲完,只得让保姆扶她到隔壁房间去睡觉。这时,被留在沙发旁的小女孩哭了起来。大家都认为小女孩的哭泣是自然的,因为她为母亲生病而受惊和难过,于是尽力去安抚她。然而,当保姆要把沙发上的两个靠垫拿到隔壁房间去时,小女孩开始尖叫:"不要拿靠垫,不要拿靠垫!"她仿佛在说:"无论怎样,靠垫必须放在它的位置上!"

保姆用好言好语哄着这个小女孩,并把她带到母亲的床边。尽管母亲生病了,但仍然挣扎着继续讲故事,以为这样可以安慰小女孩。但小女孩仍然抽泣着,泪流满面地重复说:"妈妈,沙发。"这时,故事再也引不起这个小女孩的兴趣,因为她的母亲和靠垫已改变了位置。从一个房间里开始的故事在另一个房间结束,小女孩心里的冲突是充满戏剧性和无法挽回的。

这些例子表明儿童强烈渴望秩序,同样使人惊讶的是儿童的早熟程度。一个两岁的儿童对秩序的热爱会以一种平静和主动的方式表现出来。事实上,我们注意到在学校里最有

趣的事情之一就是,如果有任何东西被放错地方,注意到的儿童就会把它放回规定的地方去。他会注意到最小细节上的不协调,但成人和更大一点的儿童就不会注意到这一点,例如,一块肥皂放在脸盆架上而不是肥皂盒里,或者一把椅子放歪了或放在不恰当的地方,儿童看到后就会跑过去把它们放在正确的地方。某些东西放置得零乱、不协调似乎对他是一种刺激,一种不安的信号。仅此而已。把东西放整齐给儿童带来了真正的快乐。在我们的学校里,那些三四岁的儿童在完成练习或工作之后,都会把那些东西放回规定的地方。显然,他们是自发和愉快地去完成这个任务。

所谓秩序,就是东西应该放在规定的地方。儿童具有秩序感意味着他已认识到那些东西在环境中所处的位置,并清楚地记得它们的位置。这也意味着他能去适应他的环境,并熟悉所有细节。我们内心希望有这样的环境:我们闭着眼睛也能到处走动,只要伸手就能拿到要的东西。对平静和快乐的生活来说,这样一种环境是必不可少的。

很明显,儿童对秩序的热爱不同于成人对秩序的热爱。在某个年龄阶段,它是一种极大的需要。对儿童来说,杂乱无序是一种痛苦,它被看作儿童心灵深处的一种伤害。儿童仿佛会说:"我不能生活,除非我周围是有秩序的。"实际上,这对儿童来说是一个生与死的问题，但对成人来说，它仅仅是一个是否快乐、舒适的问题。儿童会使自己处于一个适宜的环境中，他的自我活动并不是通过一些模糊的方式实现的，而是根据一种明确的指导。自然的指导根据令人生畏的原则去实施计划和时间表，健康与生病、生与死在这个原则中起作用。对幼小的儿童来说，秩序就像陆栖动物漫步的大地或鱼儿遨游的水域。十分必要的是，早期儿童应该在环境中获得方位原则，从而使他的精神得到进一步发展。

这种对秩序的热爱在儿童的游戏中展现了出来。瑞士心理学家皮亚杰（J. Piaget）[1]教授根据日内瓦的克拉帕雷德（E. Claparede）[2]教授的观点，对自己的孩子进行了一些有趣的实验。他把一些东西藏在扶手椅子的坐垫下面，然后让孩子到房间外面去，之后他又把这些东西藏到对面另一把扶手椅的坐垫下面。皮亚杰教授希望他的孩子回到房间后会到第一把扶手椅的坐垫下面找东西，当孩子找不到时又会去对面那把扶手椅的坐垫下面找。但是，孩子仅仅翻开第一把扶手椅的坐垫找了之后，就用一种儿童的语言说"没了"。他并没有到

1　皮亚杰（1896—1980），瑞士心理学家。
2　克拉帕雷德（1873—1940），瑞士心理学家。

其他地方继续寻找这件东西。皮亚杰教授重复这项实验,让孩子看着他从第一把椅子的坐垫下拿出东西藏到另一把椅子的坐垫下面。然而,孩子还是像以前那样重新找了一遍,并说着同样的话:"没了。"因此,皮亚杰教授得出结论:他的儿子有点傻。他几乎有点不耐烦地翻开第二把椅子的坐垫说:"你没有看到我把东西放在这里吗?"这小孩回答说:"我看到了。"然后指着第一把椅子说:"但是,它应该在这里的。"

这个小孩并没有寻找任何东西的念头,因为他觉得这个东西与自己没有关系。他关心的事情是,这个东西应该回到它原来的地方,也许他认为自己的父亲不理解这种游戏的意思。难道这种游戏就是简单地把某个东西拿走,然后又把它放回原来的地方吗?他父亲所说的"藏着"恰恰是指:这个东西藏在坐垫下面就是藏在看不见的地方。但是,这个小孩却认为,如果这个东西不被放回原来的地方,那这种游戏有什么意思呢?

当我开始与一些两三岁儿童一起玩捉迷藏时,也感到十分惊讶。在这种游戏中,儿童总是很激动、很高兴,而且充满期望。他们是这样玩这种游戏的:一个儿童当着其他儿童的面藏到铺着长长台布的桌子下面,然后其他儿童走出房间,等他们再回到房间时马上就去掀起桌布,当看到藏在桌子下面的同伴时他们就高兴得大叫起来。他们一遍又一遍地重复做这种游戏。他们依次说"现在我来藏",然后就爬到那张桌子下面。另一次,我看到一些年龄大点的儿童和一个年龄小的儿童玩捉迷藏。他们知道那个年龄小的儿童藏在一件家具后面,但他们进房间后,假装没看到他。除了这件家具后面,他们故意找遍了房间里的所有地方,他们认为这样会使那个年龄小的儿童感到高兴。但是,他却大叫起来:"我在这里!"并且很不高兴地嚷道:"难道你们没看到我在这里吗?"

有一天,我自己也参与了这样的游戏。我看到一群幼儿高兴地欢呼并鼓掌,原因是他们找到了藏在门背后的一个同伴。他们挤在我身旁请求说:"和我们一起玩吧,你藏起来。"我同意了。他们都奔到房间外面去,似乎不想看到我会藏在哪里。我并没有走到门背后,而是藏在一只柜子后面的角落。幼儿们回来后全部奔到门背后找我。我等了一会儿,看到他们不再找了,就从躲藏的地方走出来。这些孩子都表现出一种颇为失望和迷惑的样子,他们有点责备地问道:"你为什么不和我们一起玩?你为什么不藏起来?"

如果游戏确实是为了快乐(儿童们实际上很高兴重复他们的做法),我们必须认识到,某个年龄的儿童的快乐在于他们在自己认为的地方找到那些东西。对他们来说,把一些东

西藏起来就是暂时看不见这些东西。重新发现它们带来了一种秩序感,不管是看到什么,还是没有看到什么,东西总是放在它应放的地方。因此,他们会对自己说:"你看不到它,但我知道它在哪里,闭着眼睛也能找到它,我确信它被放在哪里。"

　　自然已赋予儿童对秩序的内在敏感性,这是通过一种内部感觉而形成的。这种感觉是指区别各种物体之间的关系,而不是物体本身,因而能看到一个整体的环境,在这个环境中各个部分是相互依存的。只有在这样一个整体环境中,才有可能使儿童适应这个环境,并有目的地去行动。正是在这个基础上,儿童形成了他对相互关系的感觉。如果所积累的外部印象不按照秩序组织起来的话,那它们有什么用处呢?那就像有家具而没有放置家具的房子一样。如果一个人仅仅知道区别各种物体,而不了解它们的相互关系,那他会发现自己处于一种无法摆脱的混乱状态之中。儿童的工作就在于人具有本能,这种本能显然是自然的礼物,使他自己去适应环境,并在环境中找到自己的方式。在秩序的敏感期里,自然给儿童上了第一堂课,同样地,自然就像一位教师,给儿童提供了一张教室平面图,使他为识别地图做好准备。我们可以说,通过这堂课自然给人提供了一个指南针,使他能在世界上调整方向。同样，自然给予幼小的儿童学会正确说话的能力，而成人随着年龄的增加使他的语言得到无限的发展。人的心理并不是凭空而来的，而是儿童在他的敏感期所打下的基础上发展起来的。

内部定向

儿童具有两重秩序感：一个是外部的，这种秩序感属于儿童对自身与环境的关系的感知；另一个是内部的，这使儿童意识到自己身体的各个部分以及它们的相对位置。后一种感知可称之为"内部定向"。

一些实验心理学家一直在研究内部定向，他们认为，存在一种肌觉，这种肌觉使每个人能意识到自己身体的不同部位所在的位置。这就要求有一种特殊的记忆——"肌肉记忆"。这种解释完全是机械的，它基于意识活动的经验之上。例如，如果我们移动自己的手拿到了某种东西，这个动作就被感知了并保存在我们的记忆中，而且可以再现。由于我们已经有了理性和随意的经验，因此，我们可以选择移动自己的右臂或左臂，朝着一个方向或另一个方向转动。

但是，儿童的情况却表明，远在他能自由地到处走动和

具有任何经验之前,他已经历了与身体的各种姿势有关的高度发展的敏感期。也就是说,自然已经为儿童提供了一种与他身体的各种姿势和位置有关的特殊敏感性。

那些旧的理论建立在神经系统的机制基础之上,然而敏感期与心理活动有关。洞察和冲动的心理活动为意识的方式打下基础,它们自发产生了一些基本原则,而这些基本原则构成心理发展的基础。因此,自然为心理的发展提供了潜在的可能性和被意识到的经验。

我们发现,当周围环境阻碍儿童的这种创造性发展时,可以看到一个反面的证据,这恰恰能证明敏感期的存在以及它固有的敏感性。当这种情况发生时,儿童变得极为焦躁不安,这种脾气可能呈现为一种疾病的征兆。一旦这种有害的情况持续下去,就有可能阻止所有治愈这种疾病的尝试。然而,一旦障碍排除了,脾气和疾病也就消失了,这明显表明了这种反常现象的原因。

一位英国保姆告诉我一个有趣的例子。由于必须在短时间离开她工作的那个家庭,她找到了一位能干的替代者。这位替代者原以为这个工作很容易,但她在给照料的小孩洗澡时却碰上了很大的困难。无论何时,只要一给这个小孩洗澡,他就变得不安和绝望。他不仅哭起来,而且还远离她,并把她推开试图逃跑。这位保姆为孩子做了她所能想到的一切，但小孩仍然厌恶她。当以前的保姆回来时，这个孩子就恢复了平静，很明显地喜欢洗澡了。这位英国保姆曾在我们的一所学校里受过这方面的训练，对探究儿童厌恶的心理原因感兴趣，对儿童之谜的发现将会解释已发生的这个现象。她怀着极大的耐心试图去解读这个如此年幼的儿童所说的那种不完整的语言。这个小孩已经把第二个保姆当作坏人，但是为什么呢？因为她是用相反的动作给他洗澡的。于是，这两位保姆比较了她们给小孩洗澡的方式，并发现了这个差异：第一位保姆是右手靠近他的头，左手靠近他的脚；第二位保姆恰好相反。

我回忆起另一个例子，情况更为严重，它有着一种尚未确诊的疾病的所有征兆。我偶然被卷入其中，虽然并没有以医生的身份直接介入，但我目睹了一切。这个小孩还不满一岁半，他的家人刚刚做了一次漫长的旅游，他们认为只是因为这个小孩太年幼，以致不能忍受这种疲劳。小孩的母亲提到在路途中没有发生特别的事情，一切相当顺利。每晚他们都睡在一流的旅馆里，那里有围着栏杆的儿童小床，还为小孩准备了特殊的食物。而现在，他们住在一个宽敞的有家具的公寓房间里。由于没有围着栏杆的儿童小床，这个小孩与

他母亲睡在一张大床上。他的疾病就从这时开始了,最初的症状是晚上失眠和反胃。一到晚上,母亲就必须把这个小孩抱在怀里。他的哭声是由于胃痛的缘故。家人请来儿科医生检查这小孩,给他提供了特殊的饮食、日光浴、散步以及其他的方法,但都毫无成效,每到夜晚全家都很痛苦。最后这个小孩惊厥起来,可怜地抽搐着,并在床上打滚。这种情况每天要发生两三次。这个小孩因为年纪太小而不能说话,所以对他的最大帮助应该是了解他需要解决的苦恼。于是,他父母决定约请一位著名的儿童精神病专家。当时我也去了。这个小孩看上去很好,据他父母讲,孩子在漫长的旅途中一直很健康。因此,他的失调很可能有某种精神的因素。当我看到这个小孩躺在床上忍受病痛发作的痛苦时,我得到一种启发。我拿了两只枕头,把它们平行铺开,它们的垂直边就形成了一个小床,像一张围着栏杆的儿童小床。然后,我把床单和毯子覆盖上去,没有说任何话,把这张临时凑成的儿童小床紧靠在小孩所睡的床边。这小家伙看着它,停止了嚎叫,滚着滚着,滚到这张床的边沿,然后睡进去,并说:"卡玛,卡玛,卡玛!"他用这个词来表示"摇篮",并立即睡着了。他的病症再也没有发过。这个小孩采用了他的方法来表示对一种令人讨厌的无序的抗议,不满成人把他抱离自己的床而放到一张没有围栏的大床上。

很明显，睡在大床上的这个小孩失去了从儿童小床的围栏中所感受到的那种支撑感。这种感觉的丧失，导致了内部定向的混乱以及痛苦的内在冲突，在许多医生看来这似乎是不可治愈的。这个小孩的反应说明了敏感期的力量，在敏感期里他具有创造性的自然力量。

儿童并没有和我们相同的秩序感，而经验使我们这些成人变得麻木不仁。但儿童是贫乏的，他们正处在获得感知印象的过程之中。他开始时一无所有，只感受到创造的疲劳，并把我们作为他的"继承人"。而我们就像一个靠艰苦劳动而富起来的人的"儿子"，不理解他所承受的"劳苦"和"艰辛"。由于已拥有一切和取得的社会地位，我们变得冷淡和迟钝。现在，我们可以充分运用儿童给我们的理性、经过训练的意志，以及他为我们而发达起来的肌肉。如果我们能使自己适应这个世界的话，那是因为儿童训练了这样的敏感性。我们之所以富有，是因为我们是儿童的继承人。最初一无所有的儿童，为我们奠定了未来生活的基础。从一无所有到未来生活的第一源泉，儿童做出了巨大的努力。儿童是为接近这个生命之泉而行动，而对于这种创造的方式，我们往往既不了解，也无法回忆起来。

智力发展

儿童智力的发展,并不像机械心理学家所主张的那样,智力是慢慢地从外部发展起来的。但是,这些机械心理学家对教育的理论和实践仍然有着很大的影响,因而也影响到儿童的教育。根据他们的观点,外部物体的印象是敲响我们的感官大门后硬闯进来的。然后这些印象定居在我们的心灵里,通过逐渐的相互联合,变成有组织的东西,并被认为构成了智力。它假设儿童在心理上是被动的,听凭环境的摆布,并由此推论儿童完全受成人控制。另一个相似的观点是,儿童不仅在智力上是被动的,而且他像一只空瓶,有待填塞和塑造。

我们自己的经验清楚地表明,不能忽视环境对儿童智力发展的重要性。众所周知,我们的教育体系如此注重儿童的环境,并使这种环境成为整个体系的中心。与其他的教育体系相比,我们也更多地、更合理地注重儿童的感知,但是,我们的思想和旧观念——那种认为儿童仅仅是一个被动的人的旧观念,之间却存在明显的差异,我们强调的是儿童内在的敏感性。儿童具有一个渐进的敏感期,这个敏感期几乎持续到五岁,并使他具有真正惊人的能力,从环境中吸收印象。儿童是一个积极的观察者,通过他的感官吸收印象,但这并不意味着他像镜子一样接纳它们。一个真正的观察者是根据一种自身的内在冲动、一种感觉或特殊的兴趣而行动的,使他有选择地吸收印象。美国心理学家詹姆斯(W. James)[1]在谈到从来没有一个人看到过一个物体的整个面貌时,曾阐述了这一思想:每个人只能看到一个物体的一部分,也就是说,他所描述的物体是根据自己的情感和兴趣来决定的。因此,同一物体却被不同的人用不同的方式描述着。詹姆士在这方面提供了一个巧妙的例子。他说:"如果你穿着一套使你很满意的新衣服的话,你就会专门注意其他人身上所穿的同一式样的衣服,但如果你是在川流不息的马路上这样看的话,那就有可能丧命于危险的车轮之下。"

我们可能要问,使年幼儿童在所吸收的无数印象中选择某一印象的特殊兴趣是什么?不言而喻,不可能存在于詹姆斯所举的例子,这个儿童不会受到对外界兴趣的影响。儿童开始时一无所有,并依靠自己的力量向前发展。坦率地说,这就是儿童的理性,敏感期就是环绕它而转动的。这种理性

---

[1] 詹姆斯(1842—1910),美国心理学家。

的过程肯定是自然的和充满创造性的,像一个有生命的东西逐渐发展一样,儿童依靠从环境中所吸收的印象来获得力量。

儿童的理性提供了最初的动力和能量。各种印象立即被整理排列起来以服务于理性,吸引儿童的最初的印象被用来帮助理性。我们甚至可以说,儿童对这种印象是如饥似渴的和贪得无厌的。正如我们所知道的,儿童会被光线、色彩和声音强烈地吸引住,并为此感到极其愉快。但我们要强调指出,这个理性的过程是一种自发的运动,是一种内部的现象,尽管它才刚刚开始。很明显,儿童的心理状态值得我们注意和给予帮助。儿童从一无所有开始发展他的理性,即人的特有品质。甚至在能用他的小脚走路之前,他已开始沿着这条道路前进了。

也许一个例子比一种解释更能清楚地阐明问题。我想起一个特别动人的例子:一个出生只有四个星期的婴儿,他从未被带出过出生的那幢房子。一天,一位保姆抱着这个婴儿,这时,这个婴儿同时看到他父亲和碰巧住在同一幢房子的叔叔。这两个人身高差不多,年纪也相仿。这个婴儿因此大吃一惊,他害怕看到这两个人。他的父亲和叔父知道我们的工作,便请我们帮助消除这个婴儿的恐惧。于是,只要在他的视线范围内,他俩就一直分开,一个到右边,一个到左边。

第 3 章 形成中的心理

这个婴儿转过头来看着一个，对他凝视了一会儿就突然笑了起来。但后来，他突然又变得忧虑。他迅速地转过头看着另一个人，只看了一会儿，他也对那个人笑了。他重复地把头左右转动了好多次，脸上交替显示出忧虑和宽慰的表情，直到他终于意识到实际上有两个人为止。这两个人是这个婴儿看到过的仅有的两个男人。他们与他在不同的场合玩过，把他抱在怀中，并满怀深情地跟他说话。这个婴儿起初认为，有一个男人不同于他的母亲、保姆和家里的其他女人，而且他从来没有见过两个男人在一起，因此当他突然同时见到两个男人时，他就变得警觉起来。从他周围的环境中，分离出来了一个男人，然后当他见到另一个男人时，他发现了自己的第一个错误。尽管他出生只有四个星期，但在实体化的过程中，他已经感知到人类理性的谬误。

如果这两个男人没有认识到这个婴儿从出生起就有着心理生活，他们就不会去帮助他。正是这种帮助使婴儿走出了最困难的一步，并努力去获得更多的意识。

我还可以从更大一点的儿童的经历中引证一些例子。七个月大的儿童坐在地板上玩一只枕头，枕头套上饰有花和小孩的图案，他正兴致勃勃地用鼻子闻着图案上的花，用嘴吻着图案上的小孩。那位照管他的女仆没有受过什么教育，以

为他也一定很高兴去闻、去吻其他东西。于是,她急匆匆地给他拿来各种各样的东西,并说:"闻这个!吻这个!"但结果是,儿童幼小的心灵被搞乱了。因为他正在建构自己的模式,通过识别图像并把它们固定在记忆中,高兴和平静地进行着内部构建的工作。但他那试图获得一种内部秩序的神秘工作,被一个无知的成人打乱了。

因此,当成人粗暴地打断儿童的思维或企图分散他的注意力时,就有可能阻碍了这种艰苦的内部工作。成人在游戏中拉起儿童的小手并亲吻他,或试图让他睡着,而不考虑他那正在工作的特有的心理进程。没有意识到这种神秘工作的成人可能会彻底毁灭儿童最初的心理模式,就像海水冲上沙滩并卷走了用泥沙堆成的城堡一样,因而在沙滩上堆城堡的儿童必须重新开始工作。由于这种无知,成人有可能压抑儿童的基本欲望。重要的是,儿童应该能保留他所得到的清澈印象,因为只有使这些印象清澈,并且对它们进行区分之后,他才能形成自己的智力。

一位著名的儿童营养专家做了一项很有趣的实验。他开设了一个诊所,实验使他得出结论:甚至在儿童的食物方面,也必须考虑个人因素。他发现,至少在儿童达到一定年龄之前,还没有一种东西能替代最适宜所有儿童的母乳,因为对一个孩子来说是好的东西，对另一个孩子却可能是坏的。他的诊所无论在形式上还是理论上都是一个典范。他的方法对六个月以下的儿童产生了极好的效果，但对六个月以上的儿童却失败了。这确实是个谜，因为人工喂养在这个年龄比早期喂养要容易得多。一些不能给自己孩子喂奶的贫困的母亲去询问这位专家如何喂养孩子，专家在诊所内为这些母亲开设了门诊处。但是，这些贫困父母的孩子并没有像那些住在诊所里的儿童那样，在六个月以后表现出失调的症状。经过反复的观察之后，这位专家终于认识到，在这个现象的背后肯定存在着心理因素。他开始注意到诊所里六个月以上的儿童"由于缺乏心理的营养而产生厌倦"。他给儿童提供了一些消遣的娱乐活动，不再让他们只在诊所的平台上独自散步，而带他们到一些新奇的场所去散步，结果是他们恢复了健康。

大量的实验已经表明：不到一岁的儿童能对他们周围的环境获得清晰的感知印象，并能从一些图片中认出这种环境。但要进一步注意的是，这种印象一旦获得就不再引起他们强烈的兴趣了。

从第二年开始，儿童不再被一些漂亮的物体和鲜艳的色彩搞得异常兴奋。我们注意到，这种欣喜若狂正是敏感期的特征。与此同时，他对我们不注意的小物体感兴趣了。可以

说，他对不显眼的东西或者至少是意识边缘的东西感兴趣了。

在一个十五个月大的小女孩身上，我第一次发现了这种敏感性。我听到她在花园里捧腹大笑，这对一个小孩来讲是很不寻常的。她独自走出去，坐在平台的砖头上，完全沉醉于一种内心的活动中。附近有一个种着天竺葵的花坛，在骄阳下显得十分艳丽，但小女孩并没有看它们，而把眼睛盯在地上，那里显然没什么可看。我看到儿童的一种奇特的兴趣，它是那么的不可捉摸。我慢慢地走近她，仔细地看着这些砖头，并没有看到任何特别的东西。但是，这个小女孩却用郑重其事的口气对我说："那里有一只小东西在动。"经她的指点，我看到了一只跟砖块颜色一样、微小得几乎看不出的昆虫正在迅速地跑动着。原来，激起这个小女孩捧腹大笑的是一个小生物，它会动，甚至会奔跑。她在欢乐的叫嚷声中迸发出一种好奇心，叫嚷声远远高过她平常的声音。这种欢乐并不来自太阳，不来自花朵，也不来自艳丽的色彩。

有一次，一个差不多十五个月大的小男孩也以一种相似的方式给我留下了深刻的印象。他的母亲收集了很多色彩艳丽的明信片让他玩。他对这些收藏品似乎很感兴趣，拿来给我看。他用那种孩子的语言对我说"吧——吧——"，意思是"汽车"。于是我知道他要我看汽车的图片。他有许多各种各样漂亮的图片,很明显,他母亲把这些东西收集起来是为了让他高兴,同时也可以对他进行教育。在这些明信片上,有长颈鹿、狮子、蜜蜂、猴子、鸟等各种动物的图画。在另一些明信片上,有儿童感兴趣的家禽——绵羊、猫、驴子、马和母牛。还有些明信片则绘有各种景色和风景,上面画着房子、动物和人。然而使人觉得奇怪的是,这些明信片中并没有汽车的图画。我对这个孩子说:"我没有看到汽车。"当时他看着我,挑出一张明信片并得意地说:"咦,这里!"在这幅图画的中央,可以看到一条美丽的猎狗,远处有一个猎人,肩上扛了一把枪,在一个角落里可以看到一座小屋和弯弯曲曲一条线,可以肯定它算是条路,在这条线上还可以看到一个黑点。这个小男孩用手指着这黑点说"吧——吧——"。虽然这个黑点很小,几乎看不到,但我可以看出这个小黑点确实是一辆汽车。一辆汽车按如此小的比例画出来,以至成人很难发现它,却引起了这个小男孩的兴趣,他觉得有必要指给我看。

我想,这个小男孩的注意力也许还没有被吸引到其他明信片上那些漂亮和有用的图画上。我挑出一张画有长颈鹿的明信片,开始对他解释:"看这长的头颈。"这个小男孩脸色阴沉地回答:"长颈鹿。"于是,我没有勇气继续讲下去了。

可以这样说,在儿童两岁时有一个时期,他的天性会引导智力逐渐通过一些阶段,直到他充分理解他周围环境中的东西。

还有一些我亲身经历的例子。我曾想给一个大约二十个月大的小男孩看一本写给成人看的书,书装饰得很漂亮,是一本多雷(G. Dore)[1]画插图的《新约全书》。书中复制了很多名画,其中有一幅是拉斐尔(Raphael)[2]的《主显圣容》。我让小男孩看了这幅画,画上有耶稣召唤小孩到他身边去的画面,然后我开始解释:

"这个小孩在耶稣的怀中。你看,其他小孩头靠着耶稣。所有的小孩都仰视着他,他爱他们。"

小男孩脸上没有显示出丝毫的兴趣。这时,他扭动自己的身体,似乎表示我并没有照管他。我翻动书页,寻找下一幅图画。突然,这个小男孩说:"他在睡觉。"

我困惑不解,问:"谁在睡觉?"

小男孩高声回答:"耶稣,耶稣在睡觉。"他示意我把书翻回去。这样,我再一次看了那幅画,画中耶稣站在高处俯视

---

1 多雷(1832—1883),19世纪后期法国插画家。
2 拉斐尔(1483—1520),意大利文艺复兴时期画家。

着孩子，他的眼睑下垂，因此像一个人在睡觉。这个小男孩的注意力已经被成人不会注意到的一个细节吸引住了。

我继续解释这些图画，又停留在一幅耶稣显现圣容的图画上。我说："看，耶稣升天了，人们惊恐万分。你看这个小男孩怎样转动眼睛，这个妇女怎样伸出了手臂？"我意识到，我没有选到一幅合适的图画，我的解释不可能真正对儿童有吸引力。但有趣的是，我发现儿童和成人对这样一幅复杂的图画的反应是不同的。这个小男孩只是轻轻地咕哝了一声，似乎在说："嗯，继续往下翻。"但他的小脸上没有显示出丝毫的兴趣。我又往下翻，看到他抓起了自己脖子上像兔子一样的小饰物。然后他叫了声："小兔子！"我想："他被这个小饰物吸引住了。"但突然，他又示意我把书翻回去。我照他所说把书翻回去，发现在《主显圣容》这幅画的一侧确实有只小兔子。有谁会注意到这一点呢？很明显，儿童和成人具有两种不同的智力视野，这不仅仅是一个程度的问题，而且是一个范围逐渐由小变大的问题。

成人通常总想给三四岁的儿童看一些普通的东西，好像他们以前从未见过任何东西似的。但是，这种做法就好像一个人必须对他认为是耳聋的人大声嚷嚷一样。在你作了巨大努力让那个人听到之后，你会听到他的抗议："我一点也

不聋!"

　　成人总是以为,儿童仅仅对艳丽的东西、鲜明的色彩和震耳的响声产生敏感。确实,这样强烈的刺激能引起他们的注意。我们都注意到,儿童会被歌声、钟鸣、随风飘扬的旗帜、明亮的灯光等所吸引。但是,这些强烈的吸引物是外在的和瞬间的,它虽然能引起儿童的注意,但却收益甚少。我们可以把它与我们的行为方式进行比较,例如,我们正埋头读一本有趣的书,突然听到管乐队沿街奏乐的响声,就会站起来走到窗前看看发生了什么事。如果看到某个人这样做,我们很少会推断说成人特别容易被响亮的声音吸引。然而,我们却会对儿童下这样的结论。一种强烈的外在刺激可以引起儿童的注意,这个事实仅仅是一种伴随出现的现象,与儿童心理生活的发展并没有真正的关系。儿童全神贯注地凝视着那些我们毫不注意的小东西,从这一现象中我们可以看到儿童存在心理生活的证据。但是,被小东西吸引并全神贯注地看着它的儿童之所以这样做,并不是因为这些小东西给他留下了深刻的印象,而是作为一种"爱的智慧"的表示。

　　对成人来说,儿童的心灵是一个深奥难解的谜。这个谜之所以使成人感到困惑不解,是因为成人是根据儿童心灵的外在表现,而不是根据它的内在心理机能来作出判断的。我

第3章 形成中的心理

们必须考虑到，在儿童活动的背后隐藏着一种可以理解的原因。没有某个原因，没有某种动机，他就不会去做任何事。我们很可能会说，儿童所有的反应都是他一时兴致所为，但一时兴致也包含着某些东西。重要的是，这是一个必须解决的问题，一个必须解答的谜。要找到答案，某种程度上是困难的，但极为有趣。如果成人要找到这些谜底，他必须改变原先的傲慢态度，对儿童采取一种新的态度。他必须成为一个学习者，而不是一个盲目的支配者或专制的评判者。在与儿童的关系上，成人以支配者或评判者身份出现的情况实在是太多了。

这里，我回忆起某次与一群妇女对儿童书籍的讨论。那次讨论是在一间画室的角落里进行的。一个一岁半大的小男孩在她们的身旁独自安静地玩着。我们的谈话慢慢从理论转向更具体的事情，也讨论到为幼儿所写的一些书籍。这时，那位小男孩的母亲说："我有一本书，叫《小黑人萨姆博》。萨姆博是个小黑人，在他生日那天，他从父母那里得到了许多礼物：帽子、鞋子、长筒袜和艳丽的外衣。当父母正在为他准备丰盛的饭菜时，萨姆博急不可待地要炫耀他的新衣服，于是不打招呼就出门了。在街上，他碰到了各种动物，为了安抚它们，他给每个动物一件东西。他把帽子给了长颈鹿，把

鞋子给了老虎,等等。最后,他光着身子并流着泪回家了。但是,这个故事的结尾是愉快的,因为他的父母宽恕了他,在他面前摆上丰盛的饭菜,这从书的最后一幅画可以看到。"

这位母亲把这本书传给其他人看,但是小男孩突然说:"不,Lola。"当时,所有人都很惊讶,心想这也许就是一个童年之谜。事实上,这个小男孩不断地重复说那句使人难以理解的话:"不,Lola。"

他母亲说:"Lola 是曾经照管过他几天的一个保姆的名字。"这个小男孩开始哭起来,叫"Lola"的声音更响了,仿佛陷入无意识的情绪之中。最后,在场的一个人给他看这本书,他指着最后一幅画。这幅画并不在书的正文,而是在封面的背后,画上那可怜的小黑人正在哭。这时,我们才理解他所说的"Lola"的含义。他把西班牙语"llora"(他在哭)发成了"Lola"。

事实是这样的:这本书最后并没有描绘一个愉快的场面,而封底上画着的小黑人萨姆博正在哭。显然这个小男孩是对的,没有人曾注意到这一点。因此,当小男孩听到他母亲说"这个故事的结尾是愉快的"时,他提出了抗议。他清楚地记得,书的最后是萨姆博正在哭。很明显,这个小男孩看这本书时比他的母亲更仔细。虽然他不能完整地理解这些妇女的

第3章 形成中的心理

谈话，甚至还不能明确表达一句简单的话，但他精确的观察确实是惊人的。

显然，儿童的个性与成人的个性是截然不同的。这是一种性质上的差异，而不仅仅是程度上的差异。

一个注意最小细节的儿童，他必然带着某种轻蔑看待我们成人，因为懂得心理综合的成人知道自己去看什么，而儿童并不知道如何去看。儿童把我们成人看成是一个多少有点无能的人，从儿童的角度来看，我们成人很不精确。由于我们对细枝末节不感兴趣，儿童就认为我们迟钝和麻木。如果儿童能够表达自己的观点，他肯定会告诉我们，他极不信任我们，正如我们不信任他一样，这是因为我们各自的思维方式不同。这就是儿童和成人不能相互理解的原因。

第 4 章

成人对儿童的阻碍

▎爱的冲突

当儿童的发展达到他自己能够独立行动的阶段时,儿童与成人的冲突也就开始了。

当然,没有一个成人会完全阻止儿童去看去听,进而阻止他用感知的方式去征服世界。认识到儿童具有心理生活的成人准备使儿童的环境条件更加合理,以便促使他的心灵更好地从外界环境中吸收东西。

但是,当儿童开始独立行动、走路和触摸各种东西时,那就完全是另一回事了。即使一个成人非常热爱儿童,但他的内心仍然会产生一种强有力的防御本能。那是一种无意识的忧虑感,是缺乏理性的、贪婪感的结合,总担心一些东西

第4章 成人对儿童的阻碍

可能被弄脏或被打碎。

这种复杂和焦急的防御心态与对儿童的爱发生了冲突，不过成人认为儿童的存在给了他最大的欢乐，他自己也准备为儿童牺牲一切，以及用一切来满足儿童。现在，有两种心理状态，即成人的心理状态和儿童的心理状态，它们存在着极大的差异。如果不对这两种心理状态做一些必要的调整而使儿童和成人生活在一起，那几乎是不可能的。一个严重的问题是，在家庭中如何对待儿童。

我们不难看到，实际生活中这些调整是完全不利于儿童的，他的社会地位十分低下。儿童身上那些与成人环境不协调的行为将不可避免地被成人制止，但成人并没意识到自己的防御心态，却反而认为自己确实对儿童有着无私的爱和奉献的精神。弗洛伊德指出，贪婪和自私正是产生这种冲突的根源。确实，成人这种无意识的防御心态只有在掩饰下才能充分表现出来。成人的贪婪感被"有责任培养儿童的良好习惯"掩饰起来了，这种贪婪感使他们小心翼翼地保护自己所拥有的任何东西。成人担心他们的安宁被打扰，然而，这种担心被"为了维护儿童的身体健康，要让儿童多睡些"的幌子掩盖了。

一个缺乏文化教养的妇女可能会对她的小孩大声喊叫和

打骂,并把他从家里赶到街上,以便儿童不打扰她。但过后,她又会亲昵地抚摸他、热情地吻他,以表明她是多么体贴他、爱他。

社会的上层家庭所固有的形式主义使他们只接受某些态度,例如,爱、献身、责任感和外表上的自我控制等。不过,这些母亲比低下阶层的母亲更乐意摆脱子女对她们的纠缠。她们把自己的孩子托给保姆,让她带他们外出散步或哄他们睡觉。

这些上层家庭的母亲对雇佣的保姆显得耐心、仁慈,甚至很谦恭,这就表明,即使她们不讲什么,这些保姆也已真正懂得,只要使讨厌的孩子离得稍远一点,主人就会容忍一切。

儿童刚学走路,开始为自己的活动自由而欣喜时,他就遇到了一群巨人阻拦他的每一个举动。儿童所处的情境与摩西(Moses)[1]把希伯来人带出埃及时的情境很相似。当他们克服沙漠的艰难困苦,刚踏进绿洲后就面临着战争。对亚摩利人[2]顽强抵抗的痛苦回忆使他们充满恐惧,因此他们漫无目的

---

1 摩西,圣经故事中犹太人的古代领袖。
2 亚摩利人,古代一游牧部落。据《圣经》记载,亚摩利人是犹太人的敌人。

地在沙漠里徘徊四十年来寻找可以宁静生活的地方,许多人因精疲力竭而不是战争而死去。

保护自己的财产免遭侵犯,这几乎是人的自然法则。在那些处于冲突的民族中,这种倾向可能变得更为强烈。这种本能性的自我保护的根源,深深地隐藏在人类心灵的潜意识中。这种令人痛苦的现象最早可感知、最细微的表现就是成人注意保护自己的安宁和财产,以免遭受新一代人的侵犯。尽管成人做出了努力,但这种侵犯并没有被制止。他们拼命地战斗着,因为是在为自己的生存而战斗。

在父母的关爱和儿童的天真无邪之间发生的这种冲突是在潜意识和隐蔽状态下进行的。

睡眠

成人往往会心安理得地说:"儿童不应该到处乱跑,不应该碰我们的东西,不应该大声说话或喧嚷。他应该多躺一会儿,应该吃和睡。"成人还认为,儿童"最好"到户外去,哪怕与一些不相识的人在一起也无妨。那些懒惰的父母会为自己选择一条最轻松的路,那就是打发孩子去睡觉。

谁会否定儿童需要睡觉呢?但是,如果一个儿童那么机

灵和那么快地服从了,从本质上来看,他就不是一个"喜欢睡眠的人"。他需要而且也应该得到正常的睡眠时间,但是,我们必须区分什么是适宜的,什么是强加的。我们知道,一个强者可以通过暗示把他自己的意志强加于弱者。一个强迫儿童睡眠时间超过他自己需求的成人,就是在通过暗示的方式潜意识地把自己的意志强加给儿童。

一些没有受过教育的母亲会公开要求他们的孩子去睡觉。乡下农民知道用一种怎样的枕头使他们的孩子睡眠时间长一点。但我们可以说,无论是博学或无知的父母,还是照管婴儿的保姆,一般都会同意要督促这个充满生气和活力的人去睡觉。在那些富裕家庭里,几个月大的婴儿或者两岁、三岁、四岁的儿童都被责令过量地睡眠。然而在一些贫困家庭里,情况并非如此。这种家庭的孩子整天满街奔跑,成人并不哄他们去睡觉,因为他们并不是父母厌烦的东西。通常,这些贫家子弟比富家子弟安静一些。人们认为,就像饮食和新鲜空气一样,"长时间睡眠"对儿童的健康来说是必要的。这种被称为"儿童植物似的生活",他们认为是必然的。我记得,有一个七岁的男孩对我吐露,他从没有见过星星,因为他父母总是在夜色降临之前让他去睡觉。他跟我说:"我很想在某个晚上到山顶去,躺在地上看星星。"许多父母夸耀他们的孩子习惯于一到黄昏就去睡觉，其实这是为了他们自己可以自由地外出。

为儿童准备的那些床是专门做的、可以移动的。把装有围栏柔软美丽的儿童小床和宽敞的成人大床相比，在成人的床上睡眠更加舒适。儿童的小床是专门为他准备的一个监禁的场所，根本没有考虑他是一个有心理生活的人。儿童睡在小床上，就像一个被监禁的人。这是成人建造的，也是对成人有好处的。因此，儿童受到的限制越来越多，他的自由也越来越少。在儿童的周围，只有缺乏温暖的监禁场所。

儿童的小床就像一只放在高处的鸟笼，这样，成人照管他时就不必俯身弯腰，而且离开时也不必怕他跌下来。尽管儿童可能会哭起来，但不会使他自己受到伤害，而且，儿童的房间是用窗帘遮住的，光线进不来，第二天的阳光也不会唤醒他。儿童必须在傍晚时就去睡觉，以便给他的父母自由；而他早晨又最好醒得迟一点，以免打扰睡得晚的父母。

能够给予儿童心理发展帮助的方法之一，就是给他一张适应他需要的床，以及不让他睡眠的时间过长。儿童应该具有这样的权利：他疲倦的时候就去睡觉，当他睡够了就醒过来，当他想要起床时就爬起来。所以，我们建议，像许多家庭所做的那样，应该废除儿童小床。给儿童一张矮床，它贴在地

板上，这样就可以随他所愿躺在那儿和起床。这一简单的改进将克服许多似乎很难解决的困难。一张几乎贴在地板上的小床是很实惠的，像所有改革一样将有利于儿童的心理生活。因为儿童需要的是一些简单的东西，复杂的东西往往会阻碍而不是促进他的发展。现在许多家庭已经这样做了，通过把一张小床垫放在地板上，并覆盖一条柔软的大毯子，因而改变了儿童的睡眠习惯。这样，一到晚上儿童就可以高兴地与成人道晚安后自个儿去睡觉，早晨起床也不闹醒任何人。诸如此类的例子表明，一旦成人把自己的意志强加给儿童，在照管子女时会把自己也弄得精疲力竭，这是一个多么大的错误啊！实际上，由于防御性心态的驱使，他们一直在违背儿童的需要，而这种防御性心态是可以克服的。

　　从这一切我们可以看到，成人应该努力了解儿童的需要，最好给儿童提供一个适宜的环境，使他们得到满足。只有这样，才能开创一个教育的新纪元，从而给儿童的生活带来真正的帮助。成人必须不再把儿童看作是一个物品，当他幼小时，把他当作一件东西提起来并拎东拎西；当他长大一些后，唯一能做的就是服从成人。成人必须认识到，在儿童的发展中，他们只能起一个次要的作用。但是，对于任何要使儿童的生活更加理性的努力来说，这一观点是一个难以克服的障碍。成人必须努力理解儿童,这样他们才能支持和帮助儿童发展。这应该是儿童母亲的目的和愿望,也应该是所有教师的目的和愿望。因为儿童比成人弱小,所以儿童若要发展他的个性,成人必须控制自己而努力领会儿童的表达。而且,成人应该把这当作一件特殊的任务,使自己能理解和追随儿童。

行走

成人所遵循的行为方式应该是放弃自己的优势,使自己适应于生长中的儿童的需要。

高等动物会本能地使自己适应幼仔的需要。极为有趣的是,当一头小象被它的母亲带入成年象群时,这些庞大的动物就将步伐减慢到幼仔的步伐;当小象疲劳停下来时,它们也都会停下来。

在各个国家,我们都可以发现成人对儿童有类似的照顾。有一天,我看到一位日本父亲正带着年幼的儿子散步。我跟在他们后面,突然发现这个大约一岁半的小孩用手臂抱住父亲的腿。这位父亲站在那里不动,让这个小孩围着他的腿转并把这当作与儿童做游戏。当小孩做完了游戏后,两个人又

开始了缓慢的散步。隔了一会儿,这个小孩坐在路边,这时他父亲仍然站在他身边。这位父亲的脸是严肃的,但又是自然的。他没有做任何不寻常的事,仅仅是作为一位父亲带着他的儿子在散步。

一个儿童应该外出散步,因为这种散步最适合正在学习如何协调许多不同动作的儿童,以使他获得平衡感。我们必须认识到,儿童学走路需要这种协调的动作。

虽然人像其他动物一样有肢体,但人必须用两条腿而不是四肢行走。猴子甚至有长长的手臂,这些手臂可以成为它们在地上行走时的辅助物。人是唯一完全依靠两条腿平衡地走路的动物。四足动物行走时,它们抬起对角的两条腿,让另两条腿着地,并交替轮换着,但人走路时,他先用一条腿支撑自己,然后换另一条腿支撑。大自然实际上已经解决了这个行走运动的难题,但采用的方法不同。动物通过本能学会行走,但人是通过个人的主观努力学会走路的。

儿童行走能力的发展是通过走路获得的,而不是仅仅等待这种能力降临。父母欣喜地看到孩子迈出第一步,这一步实际上是对自然的一种征服,标志着儿童从一岁进入两岁。对儿童来说,学会走路是第二次诞生,他从一个不能自助的人变成了一个能行动的人。在心理学中,这种功能的出现是儿童正常发展的主要标志之一。但是，在这第一步之后，他仍然需要经常的实践，通过个人的持续努力取得平衡和稳健的步伐。我们知道，当儿童开始走路时，他受到一种不可压抑的冲动的驱使。他是勇敢无畏的，甚至有点莽撞，就像一个士兵一样，不管遇到什么困难，都冲向胜利。正因为这个原因，成人用防护设施把他们围起来，这些设施就是许多障碍物。即使儿童的腿已经强有力了，他们仍然把儿童关在学步栏里练习走路；当他们带儿童外出时，即使他能够走路了，成人仍把他放在手推车里推来推去。

由于儿童的腿比成人短小很多，没有耐力走长路，他就必须使自己适应那些拒绝放慢脚步的成人。即使带儿童外出的成人是一位保姆，也是儿童去适应保姆，而不是保姆去适应儿童。也就是说，保姆将按她自己的步速直接走到室外活动的目的地，她推着载小孩的手推车，似乎推的是去市场买蔬菜的小推车。只是当她到了公园，她才让小孩走出手推车。她坐下之后，允许儿童在草坪上走动，但她两眼始终注视着他。她所做的这一切仅仅是考虑儿童的身体，即他"植物似的身体"，必须避免可能发生的危险，但在这个过程中她根本就不考虑儿童心理生活发展的基本需要。

一岁半到两岁大的儿童实际上可以走好几英里路，以及

做爬斜坡和爬梯子等有一定难度的动作。但是与我们成人相比，他们的行走有着截然不同的目的。成人的行走是要到达某个外在的目标，所以他直接走到那里。然而，儿童虽然有他自己的步速，但这种步速几乎是机械地带着他前进。幼儿的行走是为了完善他自己特殊的功能，他的目的就是为了发展他自己。他步伐缓慢，这是一种看上去既没有节奏也没有目的的步伐，他的行走是被他看到的周围物体所引起的。如果成人要帮助这个儿童，他必须放弃自己的步速和目的。

在意大利那不勒斯，我曾经看到一对年轻夫妇，他们最年幼的孩子一岁半。在夏季到海边去时，他们必须沿着一条陡峭的路差不多走一英里的下坡路，任何运输工具都无法通行。年轻的父母要带小孩，但发现抱在怀里太累人了。后来，儿童自己解决了这个问题，他能走完全程。他有时停下来看花，有时坐在草坪上，有时站着看动物。有一次，他呆呆地站了几乎十五分钟，凝视着一只放牧的驴子。所以，这个儿童可以不知疲劳地每天往返这条漫长而艰难的道路。

在西班牙，我认识两个年龄在两岁到三岁的儿童，他们能够行走一英里多的路。还有许多其他的儿童，他们能够一个多小时在窄而陡的梯子上上上下下。

说到爬梯子，我想起有些母亲对孩子"不听话"的表现感到忧虑。有一位母亲曾就她的小女孩发脾气的事情问我。这个小女孩几天前刚开始学走路，但只要一看到梯子她就尖叫起来，当有人抱她上楼梯或下楼梯，她几乎就激动得发疯。她母亲认为，很可能自己误解了孩子激动的原因。似乎不可理解的是，只要抱着这个小女孩上下楼梯，她就变得眼泪汪汪和如此激动。她母亲认为这可能仅仅是一种巧合。但这清楚地表明，这小孩只想自己爬上爬下楼梯。楼梯的台阶对她更有吸引力，她可以把手搁在台阶上，或坐在台阶上。而在旷野上行走时，她的双脚被草遮没，也找不到任何搁手的地方。然而，允许她行走的唯一场所就是这些地方，而且成人还要牵住她的手或把她放在童车里。

我们很容易看到，儿童喜欢行走和奔跑，滑梯上总是挤满儿童，他们爬上滑下，坐下站起。贫困家庭的孩子在街上奔来奔去，毫不费力就能避开车辆，甚至能在汽车和卡车的门旁攀拉座位。尽管这是危险的，但它可以避免富裕家庭的孩子的一种潜在可能性，那就是不会因为羞怯而变得迟钝，以至最终变得懒散起来。这两种儿童在他们的发展方面都没有得到真正的帮助。贫困家庭的孩子被抛弃在街上这种危险的环境中，而富裕家庭的孩子则处于太多使他远离危险环境的东西的包围之中。

童年的秘密
The Secret of Childhood

儿童处于正在成为一个成人并进而使人类得以延续的过程之中，但正如弥赛亚（Messiah）[1]所说的：他"无处容身"。

手与脑

有趣的是，被心理学家认为是儿童正常发展标志的三大步骤中有两项涉及运动，那就是开始走路和开始说话。所以，研究者把这两种运动功能看作是一种星占图，从中可以看到儿童的未来。实际上，这两种复杂的运动表明，儿童在获得运动和表达的手段上已经赢得了第一个胜利。但如果就语言等同于思维的表现而言，语言是人独有的特征，而行走是人与其他动物所共有的。动物不同于植物之处在于，能到处跑动。当这种运动是通过一些特殊器官而产生时，行走就成为了一种基本的特征。然而，即使人在空间运动的能力是如此强大，以至于它可以使人绕行整个地球，但行走本身并不是一个有智慧的人的专门特征。

相反地，与人的智慧最紧密相关的运动是手的运动，它为人类的智慧服务。我们知道，从人类最早经过削凿和磨光

---

1 弥赛亚，犹太人期望中的复国救世主。

用作工具的石块可以推断出，在史前期的某些地方已经有最早的人类存在。这种运用工具的能力，标志着有生命的机体在生物发展史上进入了一个新的阶段。当通过手的劳动把言语记载在石块上时，言语本身已成为人类历史的记录。就人而言，人的特征之一就是手的自由，人能自由地运用他的手。他的手成了智慧的工具，而不是运动的手段。正因为这种功能，人使他的手服务于智慧，人类的进化不仅使人占有一个比其他动物更高的地位，并且还通过其运动显示出人是一个机能联合体。

人的手是如此精细和复杂，它不仅能使智慧展现出来，并且使整个人跟他的外部环境建立了特殊的关系。我们甚至可以说，人是靠手占有环境的，并在理智的指导下去改变环境，进而去完成他在地球上的使命。

所以，如果我们想评价儿童的心理发展，就应该根据他们最初呈现的现象即语言的出现和手的运用来考虑他们的心理活动。我们应该研究言语的出现以及手在劳动中的运用，这是合乎逻辑的。

人通过潜意识本能认识到心理的这两种外部表现，即言语和手的重要性，而且有时把它们看作是人类的专门特征，但这仅仅是与成人的社会生活相关的某些形式。例如，当一

个男人和一个女人结婚时,他们就携手"盟誓"。当一个男人订婚时,他"做出许诺";在问一个女人是否愿意嫁给他时,他"拉住她的手";在宣誓时,他举手宣读誓言。手还运用在宗教仪式中,这时它强烈地表现了一种自我。彼拉多(Pilate)[1]为了推卸他对耶稣的死所负的责任,在公众面前既是真的又是象征性地洗他的手。在开始进行弥撒的一些最严肃的程序之前,祭坛上的神父总是说:"我将在无罪的臣民中洗手。"当他讲这些话时,实际上他洗的是手指,因为他在上祭台之前早已把手洗干净了。

这些不同的例子表明,人们如何潜意识地把手当作内在"自我"的一种表现。如果确实如此的话,那就没有什么东西能够比在这种基本的人类活动中儿童的手的发展更令人惊叹和更加神圣的。因此,我们应该真诚地期待儿童第一次朝外界物体伸出小手的举动。这是儿童的小手第一次有智慧的举动,其最初的举动代表了他的自我要进入这个世界的努力,成人对这种举动应该表示赞美。但恰恰相反,成人害怕那些小手伸出去拿一些本身实际上毫无价值的和不重要的东西,他千方百计想把这些东西隐藏起来,不让儿童拿到。他总是

---

[1] 彼拉多,罗马帝国驻犹太的总督,曾主持对耶稣的审判。

说:"不要碰!"正如他不断地重复说:"别动!静下来!"就是在这种潜意识的阴影中,潜藏着成人的一种焦虑,并筑起了一道防线。成人还请求其他人的帮助,似乎他们必须跟一种正在侵犯他的财产和安宁的力量作秘密的斗争。

为了形成儿童最初的心理结构,在儿童的环境中必须有一些他能看和能听的物体。由于他必须通过自身的运动和手的活动才能发展自我,因此需要有一些能使他活动的物体,以便给他提供"活动的动机"。但是,这种需要在儿童的家里被忽视了。儿童周围的东西都属于成人,并为成人所用。对儿童来说,这些东西是禁忌之物,而他"不许碰任何东西"。如果儿童碰了一些被禁止碰的东西,他就要受到体罚或责骂。如果一个儿童成功地抓到了某个东西,他就好比发现了一块骨头并躲到角落里去啃的饥饿的小狗,试图从并不能给他营养的物体中寻求营养,还害怕有人会把它抢走。

儿童的运动不能归咎于一种偶然性。他是在自我意识的指导下对有组织的运动建立起必不可少的协调。依靠无数的协调经验,他的自我把他的内在精神和表达器官组织和协调起来。儿童必须能自由地决定和完成自己的行动。由于他正处于塑造自我的过程之中,因此,他的运动有一个专门特征,即它不是单纯偶然或随机冲动的结果。儿童并不仅仅是无目

的地奔跑、跳跃和拿东西,从而使房间里一片狼藉。他的建设性活动是从其他人的活动中获得启示的,他努力模仿成人使用或操纵物体的方式,试图像成人一样去做。所以,儿童的活动与他的家庭和社会环境有着直接的联系。他想要去扫地、洗盘子或洗衣服、倒水、洗澡、梳头、穿衣,等等。儿童的这种天赋倾向可称为"模仿"。但是这种表述并不确切,例如,它不同于猴子的模仿行为。儿童的建设性活动起源于一种心理结构,它们具有一种智慧的性质。认识总是先于活动,儿童的心理生活总是支配着他的活动。当儿童要做某件事时,他事先已经知道那是什么;他看到其他人在做某件事,就渴望自己去做。在儿童的语言发展中,我们可以看到相同的情况。儿童获得的语言就是他从周围环境中听到的。他的记忆力使他记住以前听到的词汇,但是,他是根据某个时候的需要来运用词汇的。在词汇的运用上,儿童并不像鹦鹉。儿童在语言上的模仿是一种性质截然不同的行为。这种区别是非常重要的,因为一方面它表现了儿童和成人之间的关系,另一方面它使我们对儿童的活动有了更深入的理解。

第4章 成人对儿童的阻碍

▌有目的的活动

在儿童能够像成人那样明确地以一种合乎逻辑的方式行动之前，他已经开始为自己的目的而行动，他使用物体的方式对成人来说常常是不可理解的。这种情况通常发生在一岁半到三岁的儿童身上。例如，我曾经看到一个一岁半大的儿童，他发现了一叠刚刚烫平的餐巾整齐地堆在一起。这个小家伙拿起其中一块餐巾，极小心地捧着它。他把一只手放在餐巾上面，使折叠整齐的餐巾不致散开，并穿过房间走到斜对面的角落，把餐巾放在那里的地板上，说："一块。"然后，他像来的时候那样又返回去。这表明他受到了某种特殊的敏感性的引导。当他穿过房间后，用同样的方式拿起第二块餐巾，小心翼翼地捧着它并沿着同样的路线行走，把它放在第一块餐巾上，又说了一遍："一块。"他重复着这项工作，直到把所有的餐巾都拿到斜对面的角落为止。后来，他把这个过程倒过来，把所有的餐巾一块一块又放回原先的地方。虽然这堆餐巾不像最初放置的那样完美，但仍然折叠得相当好，虽然堆放得有点倾斜，但实际上还是整齐的。对这个儿童来讲，幸运的是，在这漫长的搬运过程中，家里没有一个人。

其他儿童不知听到过多少次成人在他们背后大声叫喊："停下！把它放下！"成人为了教训儿童不要碰东西，使他们细嫩的小手不知挨了多少次打啊！

使儿童入迷的另一项"基本"工作是取下瓶盖子，然后再把它盖上。尤其是，当这种盖子是一种可反射出彩虹色彩的雕刻玻璃瓶上的盖子时，这种情况就更为突出。取下和盖上瓶盖子的工作，似乎是他们喜欢的一项工作。儿童还喜欢把大的墨水瓶或盒子的盖子拿起来又盖下去，或者打开和关上橱门。儿童和成人为了一些东西经常发生冲突，这是完全可以理解的，因为这些东西对儿童有一种天然的吸引力，但由于它们是母亲或父亲桌上的东西，或者是起居间家具的一部分，成人会禁止儿童去碰它们。这类冲突常常是以儿童被认为"不听话"而告终。其实，儿童实际上并不真正想要这样一个盒子或墨水瓶，只要允许他用某些东西进行同样的活动，他都会满意的。

诸如此类的活动是儿童的基本活动，它们没有逻辑的目的，可以被看作是人作为最初阶段的活动。在这个准备时期，我们已经为很年幼的儿童设计了一些感官材料，例如，由大到小的一系列圆柱体，它们正好可以嵌入木板上大小不同的洞孔之中。由于这些感官材料能满足儿童生活中某个时期的

第4章 成人对儿童的阻碍

需要，因此获得了很大的成功。

让儿童自由，这个思想按理说是很容易领会的，但是，在成人的心里存在着根深蒂固的障碍，因而这个思想很难实现。一个成人，即使他想同意儿童的要求，让儿童自由触摸和搬运东西，也将会发现他无法压抑内心的某种冲动，这种冲动导致他禁止儿童这么做。

在纽约，一位熟悉于此的年轻妇女渴望在她两岁半儿子的身上实施这个思想。有一天，她看见儿子把装满水的一只水罐从卧室拿到客厅里去。她注意到，他非常紧张，尽力缓步地穿过房间时不停地告诫自己："当心！当心！"这水罐很重，终于孩子的母亲觉得必须帮助他了。于是她拎起水罐，把它拿到他想拿去的地方。但是，这个孩子很伤心，他感到受了伤害。母亲承认是她造成了孩子的痛苦，但又认为自己的行为是正确的。她说，虽然她认识到孩子正在做的事情是必要的，但她又觉得，让孩子把自己搞得精疲力竭，而且浪费很多时间，似乎是不适当的，因为她只要一瞬间就可以完成这件事。

当这位母亲询问我的意见时，她说："我知道我做错了。"我考虑的是这个问题的另一方面，不让儿童自己去做的想法产生于成人要保护自己的财产的本能。我问她："你有诸如杯

子一类的好瓷器吗？让你的孩子拿一件这种轻巧的东西，看看会发生什么事。"她听从了我的建议。后来她告诉我，她的孩子小心地拿着杯子，每走一步都要停一停，直到最后安全地把杯子拿到了目的地。在整个过程中，这位母亲心里交织着两种心情：一是为她儿子在工作而感到高兴，另一种是为她的杯子担心。由于两种心情是平衡的，因此她让儿子独立完成了这项工作，这项工作是孩子渴望去做的，也是对他的心理发展极为必要的训练。

另一次，我把一块抹布给了一个才十四个月大的小女孩，这样她可以做些清洁工作。当她坐下来时，她用抹布擦了许多有光亮的东西，并对自己的工作显得十分高兴。但是，她的母亲却有点反对我把抹布给她女儿，认为这么幼小的儿童不需要遵从所谓的卫生习惯。

一个不理解儿童工作本能的重要性的成人，往往会对儿童工作本能的第一次展现感到不可思议。成人认识到，他必须做出某些巨大的牺牲，必须克制个性和放弃自己的环境，而这与他的日常社会生活极不相容。在成人环境中，儿童肯定是一个社会以外的人。但是，像当今很多人做的那样，把儿童完全排除在这个环境之外，就会阻碍他的成长，就好像我们不许他学习说话一样。

第4章 成人对儿童的阻碍

为了解决这个冲突，我们要为儿童准备一个适宜的环境，使他可以更好地展现自己。当儿童说第一句话时，并不需要为他准备任何东西，因为他的牙牙学语在家里人听来是一种欢乐的声音。但是，他的小手要求一种"工作的动机"，以便采取与他的工作目的相适应的形式。我们常常会发现，儿童在活动中所花费的努力超出我们估计的儿童体力的范围。我有一张照片，照片上一个英国小女孩拿了一只大面包，面包如此之大，以至于她双手无法承受，不得不把它紧靠在身体上。她被迫挺着肚子走路，因而不能去看自己的脚该往哪里踩。在这张照片上，还有一只狗伴随着她，她也一直在这只狗的视线范围内。这个情景确实很令人紧张，似乎随时都需要别人奔上去帮助她。照片的背景是一群成人注视着她，他们必须非常努力地克制自己，不要冲过去帮助孩子拿面包。

有时候，在一个适宜的环境中，年幼的儿童在工作中展现出一种早熟的运动技能和精确性，那肯定会使我们赞叹不已。如果成人专门为儿童准备了一个环境，那么他们将在儿童世界中产生复杂的社会作用。曾有一个两岁大的小男孩给我留下了很深的印象，小男孩很有号召力，为了接待其他年纪相仿的儿童，他在整理桌子和打扫房间。在做这些有意义的工作时，他一直处在两支明亮的蜡烛光的照耀之下，他的

母亲也开始准备他的生日蛋糕,这样他就把一些事情的意义弄混了,所以他走来走去对别人说:"我两岁了,我有两支蜡烛。"

▎节奏

成人如果不理解儿童在活动中需要运用他的手,不把手的运动看成是儿童工作本能的第一次展现,就可能成为儿童工作的障碍。这并不能都归咎于成人的一种防御心态,可能还有其他原因。其中一个原因是,成人注意的是行为的外在目的,并根据自己的想法来确定采用何种方法。对成人来说,有一条自然法则,即"最大效益法则",这引导他运用最直接的方法在尽可能短的时间内达到他的目的。当看到一个儿童正在尽巨大的努力做某些似乎没有成效的和幼稚的事,而且这些事成人一瞬间就可以做完而且做得更完美,这时他就感到痛苦,就想去帮助这个儿童。成人看到,儿童对于琐碎或毫无用处的东西特别有热情,这是可笑的,甚至是不可理解的。当一个儿童发现桌布斜了,他就会想桌布应该怎样铺,他试图用他记得的方法把它铺好。如果他能这样做的话,虽然他做得很慢,但却包含着他的全部精力和热情,因为记忆是儿童心理的主要任务。对于这个发展阶段的儿童来说，把东西整理好是一种令人欣喜的行动。即使没有成人的帮助，儿童通过自己的努力，也是能够做好事情的。

如果一个儿童要自己梳头，成人并不会为这种可贵的想法感到高兴，反而认为是对自己的"攻击"。他知道儿童不可能很快梳好头，也不可能很好地达到他的标准，而他自己却能把儿童的头发梳得既快又好。这时，尽管这个儿童正在进行一种令人欣喜的建设性活动，但他将看到成人走过来拿起梳子，说必须由成人来梳，他觉得成人是一个强有力的"巨人"，与成人争辩毫无用处。当成人看到儿童试图穿衣服或系鞋带时，也会发生同样的情况。儿童所有的想法都会受到阻拦。成人变得恼怒，不仅因为儿童试图进行一种没有必要的活动，还因为儿童不同的节奏以及行为方式。

节奏并不是可以随意改变的东西，而是需要重新理解的观念。每个人在他的活动中都会有一种节奏，它是人的一种内在特征，几乎就像一个人的体形。当其他人的活动节奏跟我们的接近时，我们就会感到高兴，但当我们被迫去适应他人的节奏时，就会感到痛苦。例如，当我们必须跟一个局部瘫痪的人一起走路时，我们就会感到一种痛苦。如果我们看到另一个中风的人用颤抖的手缓慢地举杯到嘴唇时，他的缓

慢动作与我们的自由行动之间的强烈反差会使我们感到痛苦。假定我们要帮助他,我们就会用自己的节奏来代替他的节奏,由此使自己从痛苦中摆脱出来。

成人对儿童的行为与此有点相似。成人下意识地阻止儿童进行那些缓慢和看似笨拙的活动,好像他不得不驱赶烦人的苍蝇一样。

然而,当儿童用一种强烈和迅速的节奏进行活动时,成人倒能容忍了。他接受充满生气的儿童在他的环境中造成的无序和混乱。这时,成人会"耐心地袖手旁观",因为他注意到一些事情是清晰的和可以理解的,成人总是能控制有意识的行为。但是,当儿童动作缓慢时,成人就感到不得不进行干预,以自己的行动代替儿童的行动。但这样做的时候,成人并不是在儿童的最基本的心理需要上帮助他,而是在儿童想要自己做的所有活动上代替他。成人阻止儿童自由地行动,因此他成了儿童自然发展的最大阻碍。不要其他人帮他洗澡、穿衣或梳头的"不听话的"儿童绝望的哭叫,揭示了人类最早和富有戏剧性的斗争,即儿童要靠自己的努力以求得生长。

谁会想到,成人给儿童不需要的帮助竟然是儿童将经受的所有压制中的第一种压制,而且这种压制将对他以后的生活产生最严重的后果。

第4章 成人对儿童的阻碍

在日本人的心里有一种有关儿童痛苦的根深蒂固的观念。作为对死者祭礼的一部分,他们会在儿童墓前放置一些小石块或类似的物体。父母在儿童的坟墓前所放的小石块,能帮助他们免受另一个世界恶魔的持续攻击和痛苦。当儿童建造一些东西时,恶魔会撞倒和毁坏它们。但是,他父母出于真诚关爱而提供的那些小石块将帮助他进行重建。死去的儿童遭受痛苦这个观念是最令人难忘的一个例子,表明我们已经潜意识地解释来世。

▌人格的替换

成人通过自己的行动来代替儿童的行动,这不仅仅表现在行动方式上,还表现为成人微妙地把自己的意志强加于儿童。当这种情况发生时,那已不是儿童在行动,而是成人替代儿童在行动。

法国医生夏尔科在他著名的精神病医院里进行的实验证明,通过催眠可以替换癔病患者的人格,这引起了很大的轰动。他的实验似乎削弱了以前的观念:人格的一个最基本的特征是,人是他自己行为的主人。但是,夏尔科从实验中证实,通过一种暗示可能使被催眠者失去他自己的人格,而接

受催眠者的人格。这些实验虽然数量很少,仅在诊所里进行,但它开辟了一个新的研究领域,这种现象导致了对双重人格、潜意识,以及升华的心理状态的研究,最后趋向通过心理分析去探究潜意识领域。

当儿童在童年期开始意识到自我时,他正处于个性形成和敏感性发展的过程中,因此处于一种创造性的状态,特别容易受到暗示。在这个时期,成人的人格能够悄悄地潜入儿童之中,用他自己的意志激发儿童的意志,使儿童产生变化。

我们发现,在我们的学校里,如果过分热情或者用夸张的动作给儿童示范如何做某些事情的话,那么儿童根据自己的人格进行的判断力和行动能力就会受到压抑。可以说,如果一种活动与应该支配它的儿童分离开来,而由另一个成人的自我来替代的话,虽然这个新的自我更强有力,但它并不属于儿童。这个外来的自我几乎剥夺了儿童自己尚未成熟的人格。通常,成人并不愿意这样做。虽然他能够通过所谓的催眠暗示来支配儿童,但他并不希望或有意识地这样做,甚至还没有认识到这种影响的存在。

在这方面,我个人碰到一些有趣的例子。有一天,我看到一个大约两岁的儿童把一双鞋子放在白床单上。我没有多加思考就冲过去拎起鞋子,把它们放在房间角落里,并说:

第4章 成人对儿童的阻碍

"它们是脏的。"然后,我又用手把床单上放过鞋子的地方掸了掸。自这件事发生之后,这个小家伙无论何时只要看到鞋子就会奔过去拎起它们说:"它们是脏的。"虽然鞋子并没有在床上放过,但他也会走到床边,把手按在床上,似乎在掸它。

还有一个例子。一位年轻妇女收到一个包裹,这件礼物让她很高兴。打开盒子后,她发现里面有一块丝手帕,就立即把这块手帕给了她的小女儿,还有一只喇叭,她就放到嘴上吹了起来。这个小女孩高兴地叫起来:"音乐!"隔了一段时间,这个小女孩只要一拿到一块手帕,就会兴奋起来并说:"音乐!"

成人的禁令特别容易对儿童的行动产生一种约束力,但在激起儿童的反应时,这些禁令并没有如此强烈的作用。这种现象主要发生在有教养的和能自我约束的成人身上,尤其是来自那些文雅的保姆中间。有一个很有趣的例子,一个大约四岁的小女孩独自与外祖母住在自己家里。小女孩想打开花园里人造喷泉的龙头,以便看到喷水,但正当她要这样做的时候,突然把手缩了回来。她的外祖母鼓励她去打开龙头,但小女孩回答说:"不,保姆不许这样做。"于是,这位外祖母试图劝说她:"我允许你这样做。"并指出这是在她自己的家里。小女孩高兴又满意地笑了起来,她非常渴望看到喷水,

伸出了手,但并没有开龙头,最后还是把手缩了回来。显然,那位并不在场的保姆的禁令比小女孩身边的外祖母的劝说具有更大的约束力。

还有一个有点类似的例子,是关于一个大约七岁的男孩。当他坐着看到远处某个吸引他的东西时,他站起来准备朝那个东西走去,但是,他又退了回来并坐下来,他似乎因无法克服意志的动摇而感到痛苦。谁是阻止他起步的"主人"呢?没有人知道,因为这在儿童的记忆中已荡然无存。

儿童对暗示的敏感性,可以理解为他们的一种内在敏感性的扩张,它能帮助儿童心理的发展。内在敏感性有一个特点,我们可以称之为"对环境的热爱",那就是儿童总是渴望去观察事物并被它们吸引,而且他特别容易被成人的行动吸引,进而模仿它们。在这方面,成人可能有一种使命,那就是激励儿童去行动,让自己成为一本打开的书,儿童通过这本书可以指导自己的行动,以及学会如何正确行动。这样的话,成人就必须始终平静和慢慢地行动,这样正在注视着他的儿童就能清楚地看到他行动的所有细节。如果成人不这样做,相反采用惯常急速和强有力的节奏,那他就不是在激励和教导儿童,而可能是把自己的人格强加在儿童身上,以及通过暗示使自己替代儿童。

第 4 章 成人对儿童的阻碍

即使是一些感官材料，只要它们对感官有吸引力，就能对儿童产生一种暗示力量，正如磁铁吸住各种各样的铁制东西一样。一部记录莱文教授的有趣心理学实验的影片清楚地说明了这个问题，他的实验目的是识别学校中身心有缺陷的儿童和正常儿童对同一物体的不同行为。这两组儿童年龄相仿，所处的环境也相同。

在这部影片中我们可以看到，莱文教授准备了一张长桌子，桌上放着许多不同的物体，包括我们设计的一些感官材料。一组儿童走入教室，他们对面前的各种物体很感兴趣，很快就被吸引住了。他们充满活力并露出微笑，对自己身处那么多不同的物体之中感到快乐。每个儿童拿起一件东西就开始工作了，然后他把它放在一边，又拿起别的东西干了起来，如此重复，从一项工作到另一项工作。这是一种情景。在影片的下半部我们看到，第二组儿童走进教室。他们慢慢地走着，停下来看看四周。他们很少拿这些物体，只是在它们周围懒散地站着。这是另一种情景。

这两组儿童中，哪一组是身心有缺陷的儿童，哪一组是正常儿童？身心有缺陷的儿童是高兴的，富有活力的，他们急匆匆地走动，从一件物体到另一件物体，玩每一样东西。对看这部影片的人来说，这些儿童似乎是聪明的，因为我们

通常习惯把做一件又一件事的活泼快乐的儿童看作是聪明的人。

然而恰恰相反，正常儿童在镇静地走动，他们好长一段时间站着不动，沉思地注意着一件物体。他们以惊人的方式证明，安静、有分寸的行动以及一种考虑周到的安排是正常儿童的标志。

莱文教授实验的结果与普遍流行的概念是相冲突的，因为在通常的环境中，聪明的儿童会像影片中身心有缺陷的儿童一样去行动。我们发现，缓慢和沉思的正常儿童有点好奇，但他的行动受自我控制和理性的指导。这类儿童被他所看到的一些外界物体激发，但能自由地运用它们。自我控制和有节制的活动才是有价值的。因此重要的是，任何儿童应该掌握自己的运动器官，而不仅仅是用某种方式到处乱走，去感知任何东西。他的运动能力受自我的指引，而不仅仅由外界事物的吸引力支配，从而将注意力集中在一个物体上。这是源于儿童内部的一种现象。

对个人来说，用一种审慎和沉思的方式行动实际上是正常的。它概括为一种秩序，我们可以称之为"内在纪律的秩序"。它是一种内在纪律，表现为一种有条不紊的外部行动。当缺乏这种内在纪律时，个人就不能控制自己的行动，而可能为他人意志所支配，或者就像漂泊的船一样成为外界环境影响的牺牲品。他人的意志很难使一个人产生有条不紊的行动，因为这种外在影响并不是行为所必不可少的。当这种情况发生时，我们可以说，一个人的人格被分裂了。当这种情况发生在儿童身上时，儿童就失去了发展的机会，而他本该具有自己的本性。我们可以把儿童比作这样的一个人，他依靠气球降落在沙漠之中，突然发现气球被风刮走了，扔下他一个人。失掉气球后，他发现周围没有一样东西能替代气球。这是人有可能遇到的一种情景，当儿童陷于这种情景时，他肯定会与成人争吵。儿童的心理是隐蔽的，尚未得到发展，他表现的方法也是无序的，可以说，他似乎成了成人环境的牺牲品。

▍运动

运动始终伴随着所有的机体活动。儿童是通过运动而得到发展的，他的发展既依靠心理因素，也依靠身体因素。运动不仅有益于身体健康，也能激发勇气和自信，它对心理的影响不容忽视。

正如我们所知道的，运动对儿童极其重要，它是创造性

能量在功能上的体现,并以此达到人种的完善。儿童通过运动对外界环境起作用,并由此履行他在这个世界上的使命。运动不仅仅是人的自我的一种表现,而且是人的智力发展的必要因素,因为运动是使自我与外界现实建立一种明确关系的唯一途径。

通过运动的锻炼,儿童的肌肉就会处于一种健康的状态,他的生命就不会衰弱。同时,在运动中,儿童通过自主掌握和运用运动器官来使他的意志得以实现,使他的智慧成果外在化。然而,成人并没有意识到儿童身体运动的重要性,相反他们阻止儿童身体的活动。

同样清楚的是,一些科学家和教育家并没有注意到运动在人的发展中的重要性。然而,如果"动物"这个词包含了"活力"或者"运动",那么植物和动物之间的区别就在于,前者扎根于土地中,而后者可以到处活动。那么,我们为什么会想要制止儿童运动呢?

人们往往潜意识地接受了赞美儿童的各种说法。有的说:儿童是"一个幼小的花朵",这意味着他应该是文静的。又有人说:儿童是"一个小天使",这意味着他应该是活跃的,但只存在于人类认为的另一个世界中。

所有这些揭示了人类心灵深处那种不可思议的盲目,这比心理分析家弗洛伊德认为存在于人类潜意识中称为"心理盲点"的那种盲目更加厉害。这种盲目的程度之深，可以从这个事实看出，科学虽然能发现人类潜意识的深奥，但还不能揭示它。

所有人都承认感觉器官对心理发展的重要性。没有人怀疑，聋盲人或聋盲儿童将在他们的心理发展过程中遇到极大的困难，因为听和看事实上就是心灵的窗户，它们被认为是"智力感觉"。人们也同意，聋盲人的智力低于利用全部感官的普通人的智力。聋和盲是一种不利条件，但它可以与身体健康并行不悖。但是，如果认为人为剥夺儿童的视力和听觉后，儿童仍能更好地获得高水平的文化知识和社会道德，那将是荒谬可笑的。

尽管如此，要人们接受身体运动对人的道德和智力发展具有巨大重要性这一点，是很困难的事。如果一个正在发展中的儿童不运用他的运动器官，他的发展就会受到阻碍，与被剥夺了视力或听力的人相比，他将更远离"智力感觉"。

相比聋人和盲人，一个"失去肉体自由的人"将遭受更明显和更大的痛苦。虽然，聋人和盲人被剥夺了与环境接触的手段，但经过一个适应的过程，他们其他感官的敏锐至少可以部分地弥补已失去的感官。但是，身体运动是人的个性

的一部分，没有一样东西可以替代它。一个不运动的人就伤害了他自己，也远离了生活。

当人们谈到"肌肉"时，他们通常把它想象成某种身体器官。这种概念似乎与我们关于精神的概念是对立的。精神没有物质，其结果也就没有任何机制。

对心理发展和人的智力发展来说，运动或身体活动比看和听的智力感觉更为重要。这对流行的观念是一种挑战。

然而，即便是我们的眼睛和耳朵，也是根据物理甚至机械的规律来发挥作用的。眼睛一直被描绘成"逼真的照相机"，当然，它的结构奥妙无比。耳朵也像一支爵士乐队，拥有会振动的弦和键。

但是，当提到这些卓越的工具在智力发展中所起的作用时，我们并不把它们看作是一些机械装置，而是利用它们去思考自我。通过这些奇妙和有活力的工具，使自我与世界联系起来，并运用这些工具来满足自我的心理需要。日出日落、艺术作品、山水风景、悦耳嗓音或演奏音响都是自然美的情景，所有这些为内在自我留下了持续多样的感官印象，成为了人的心理生活的滋养源泉和必备养料。

自我是真正的力量、唯一的主宰和感官印象的接收器。如果自我不会从各种各样的自然美景中感受到欢乐，那么这些感官机制还有什么用呢？看或听，本身并不怎么重要，但它们有一个更高的目的，那就是通过看和听使一个人的自我得以形成和发展。

在自我和运动之间，我们也可以进行类推。运动无疑需要各种各样的器官，即使这些器官并不像耳朵的鼓膜或眼球的晶体那样高度专门化。人类生活和教育的基本问题是，自我应该如何受到激发和掌握他的运动工具，使其行动受比感知更高的本能的指导。

如果自我不能获得这种必要的条件，它的整体将遭到破坏，本能也仿佛在与不断生长的身体分离。

爱的智慧

人的每项工作都是在按照它的规律去实现自我，并使人和谐发展，获得爱的意识。可以说，这是一个健康的人的标志。

爱不是冲动，而是一个结果。它像一颗行星，得到来自太阳的光芒。这种动力就是本能，是生命的创造力量。因为爱在创造的过程中产生，所以这种爱充满了儿童的意识。通过爱，儿童实现了自我。

我们可以想象,在整个敏感期里,儿童想要与周围的环境联系起来的那种不可抵抗的冲动,实际上这是出于他对环境的热爱。作为一种激动的情感,它不是通常所理解的爱的感觉,而是一种能理解和吸收的智慧的爱,一种通过爱的过程而产生的爱。引导儿童去观察事物的那种自然欲望,但丁(Dante)称之为"爱的智慧"。

事实上,爱使儿童能以一种敏锐和热情的方式去观察他的环境,而我们成人往往是忽视此一点的。爱的特点是什么?那就是能使我们对他人不注意的事物产生敏感,并能向我们揭示他人尚未认识到的事物的细节和特征。有人要问:"难道只有爱才能发现它们吗?"是的,那是因为儿童是通过爱去取得智慧,继而产生兴趣的,所以儿童能够看到成人视而不见的东西。

对成人来讲,对环境的爱似乎是儿童天生的乐趣。但是,成人并没有把这看作是一种精神能量,一种伴随着创造力的道德美。

儿童的爱是单纯的。他的爱是为了获得感觉印象,从而给自己提供生长的媒介。他不断吸收东西,直到它们成为自己生命的一部分,由此创造自己的本质。

儿童爱的对象是成人。从成人那里,儿童不仅得到了他

第4章 成人对儿童的阻碍

所需要的物质帮助，而且得到了很多的爱，这对他的自我发展是必要的。对儿童来说，成人是可尊敬的人。成人的嘴唇就好像是一口喷泉，儿童从那里汲取着必须学会的那些词汇，并将作为他的一种指导。对于儿童来说，成人的话是神奇的刺激。成人用他的行动向儿童展示人是如何行动的。儿童是通过模仿成人而开始自己的生活的。成人的言语深深地吸引着儿童，有时几乎可以使他完全神迷，这表明成人的言语具有暗示的力量。儿童对成人是那么的敏感，以至于成人在某种程度上支配着儿童的生活和行动，而儿童的个性也就消失了。

前面事例中，儿童把他的鞋子放在床单上表明，服从来自暗示的力量。成人对儿童讲的话，会像刻在大理石上一样永远铭刻在儿童的心灵。我们可能还记得，一位母亲接到装有手帕和喇叭的包裹时，她的小女孩的第一反应就是"音乐"一词。由于儿童如此渴望得到爱，因此成人应该认真考虑在儿童面前讲的所有话。

儿童乐于服从成人，这是他的精神根源。但是，当成人要儿童抛弃那些有助于他发展的本能时，他就不可能服从了。成人为了个人的利益而要求儿童停止创造，就好像硬要阻止儿童长出乳牙。儿童发脾气和进行反抗，是他创造性的冲动

以及与他爱着但不理解自己的那个成人之间生死存亡的冲突的外部表现。当儿童不服从或发脾气时,成人应该想到它其实源于这种冲突,源于儿童对自身发展所必需的生命活动的防御。

我们必须记住,儿童爱我们,并想服从我们。儿童爱成人胜于爱其他的任何东西,但人们只知道成人对儿童的爱。我们常常可以听到"父母多么爱子女啊!"或者"老师多么爱学生啊!"之类的话,同时还认为,应该教育儿童去爱,爱他的父母、老师,爱所有人,爱动物和植物,爱一切东西。

那么,谁来教儿童呢?谁将是他在爱的艺术方面的老师呢?难道是那些认为儿童不听话并且只想保护自己和财产免遭侵犯的人吗?这样的人显然不可能教儿童去爱的,因为他们并不具有我们称之为"爱的智慧"的那种敏感性。

相反地,儿童是爱成人的,他需要成人在身边陪伴,而且很高兴能引起成人对他的注意:"看着我!和我在一起!"

晚上去睡觉时,儿童希望他爱的人陪着他,不要离开。当我们去吃饭时,一个正在吮奶的孩子也要跟着去,他并不是为了吃,而只是要与我们在一起。成人没有意识到儿童的这种深厚的爱。但我们应该记住,现在如此深深地爱我们的儿童终将长大,这种爱终将消失。到那时,谁还会像现在这个儿童那样地爱我们呢？谁还会在去睡觉前充满深情地对我们说"和我在一起！"而不只是祝我们"晚安"呢？谁还会在我们吃饭时如此渴望站在我们身边呢？我们也许会防御这种爱，但将永远再也找不到另一种与它同样的爱。我们唠唠叨叨地说："我没有时间！我不能！我很忙！"然而，我们心里想的却是："必须纠正儿童的做法，不然的话，我将成为他们的奴隶。"我们想摆脱儿童这个束缚，这样才能做我们想做的事情，才不会感到不方便。

每天早晨，如果儿童进门去唤醒还在酣睡的父母，那是一件极令人讨厌的事情。保姆必须阻止他这样做，保姆是父母们早晨睡觉的保护者。

但是，如果不是爱，那还有什么东西会促使儿童一醒过来就去寻找他的父母呢？当太阳刚升起时，儿童就从床上起来。他们去找仍在睡觉的父母，仿佛要说："学会圣洁地生活吧！天亮了！早晨了！"但是，儿童到他的父母跟前，并不是作为教师去教导他们，而只是去看他所爱的那些人。父母住的那个房间仍然是暗的，窗帘遮着，黎明的曙光并没有打扰这两位睡眠者。儿童蹒跚地走去，因为害怕黑暗而心里紧张，但他克服一切困难，温柔、轻轻地抚摸他的父母，但他们却抱怨说："已经跟你讲过多少次了，不要一早就来叫醒

我们!"

儿童回答说:"我没有叫醒你们,我只是轻轻抚摸一下,要给你们一个吻。"实际上他在说:"我并不希望把你们唤醒,我只是要唤醒你们的精神。"

确实,儿童的爱对我们极其重要。很多时候父母们对生活中的一切都麻木了,需要一个新人去唤醒他们,用他们已经失去的那种生气和活力激发他们。他们需要一个以不同方式行动的人,每天早晨对他们说:"你们已经忘掉了另一种生活!学会更好地生活吧!"

是的,更好地生活吧,感受爱的抚摸!

没有儿童的帮助,成人将会变得颓废。如果成人不努力自我更新,一层硬壳就开始在周围形成,最终使自己变得麻木不仁和冷漠无情。

贰 新教育

第 5 章

教师的任务

▎认识儿童

我们必须面对这个最重要的现实：儿童拥有一种心理生活，这种心理生活的微妙表现尚未引起人们的注意，它的发展往往会被成人无意识地破坏。

对儿童来说，成人的环境不是一种适宜的环境，而是充满一群障碍物。这群障碍物实际上是对儿童的防御，使他们的态度变得乖戾并容易受成人的暗示。作为教育基础的儿童心理学一直是从成人的角度，而不是从儿童的特性来进行研究的，因此它们的结论必须从根本上进行重新审查。正如我们所看到的，儿童每一个不寻常的反应都给我们提出了一个有待解决的问题；儿童每一次发脾气都是某种根深蒂固的冲突的外部表现，这种冲突并不能简单地解释成对不相容的环境的一种防御机制，而应该理解为他们内在的更高品质在寻求展示。发脾气就像是一场暴风雨，它是阻碍儿童心灵秘密显露的一种无奈表示。

很明显，所有这些伪装把儿童的真实心灵都隐藏起来了。发脾气、抗争和反常等表现掩盖了儿童的自我实现，使他不能展示真正的个性。这里的个性仅仅是各种特性的总称。在这些不协调的外部表现背后，肯定存在一个依据精确心理发展模式发展的个体精神胚胎，那就是个性。就在这些外部表现底下，隐藏着一个尚未被认识的儿童，一个被掩盖的充满活力的人，他必须获得自由。教育面临的最紧迫的任务，就是去了解这个尚未被认识的儿童，并把他从所有的障碍物中解放出来。从某种意义上说，自由意味着一个人知道自己应该做什么，或者实际上意味着能去发现未知的东西。

在心理分析研究和对尚未被认识的儿童心理的研究之间，存在一种根本区别。这种根本区别主要是：在成人潜意识中，秘密是某种自我约束的东西，而儿童的秘密很少会被他的环境隐藏。要帮助一个成人，就必须帮助他解开在漫长时期中形成的有关适应的一团乱麻。要帮助一个儿童，我们就必须给他提供一个能使他自由发展的环境。儿童正处于创造和发

展的时期,大门应该完全为他敞开。事实上,他正在创造自我,也就是说,正处于从不存在到存在、从潜在性到实际性的过程中。处于这个时期,儿童不可能是复杂的。由于儿童具有日益增强的能力,他在展现自我时就不会有很大困难。在一个自由的环境中,即在一个适宜他发展的环境中,儿童的心灵自然地得到发展,并自动揭示其秘密。只要坚持这条原则,那么所有的教育努力都不会更深地陷入无止境的混乱之中。

新教育的基本目的首先是发现儿童和解放儿童。与之有关的首要问题就是儿童的生活方式,简单地讲,就是儿童的生活。其次是,当儿童日趋成熟时,给他提供必不可少的帮助。这意味着环境十分重要,在儿童发展过程中,环境必须适合儿童的成长。障碍物必须减少到最少;环境必须为那些有助于儿童能力自由发展的活动提供必要的条件。由于成人本身也是儿童环境的一部分,因此,他也应该使自己适应儿童的需要。成人不应该是儿童独立活动的障碍物,也不应该代替他们进行生长和发展所必要的活动。

▎精神准备

教师千万不要这样想:靠一个人独自研究就能为他的使命

做好准备。如果教师这样想的话,那他就错了。教师的第一件事就是正确处理自己的教育工作。

全部问题的关键是教师对待儿童的态度。这并不依靠外部因素,因此,仅仅要求教师具有关于儿童心理、教学方法和矫正的理论知识是不行的。应该清楚地看到,仅有这些教育理论知识是不够的。

我们身上有许多不好的脾性,它们像田野里的野草那样肆意生长。这些坏脾性分为七类,在古代以"七大罪恶"(Seven Deadly Sins)[1]著称。

所有的坏脾性使我们与儿童分离。因为儿童与我们相比,不仅更天真无邪,而且更具有神秘的特性而使人难以理解。我们成人通常不会看到它,但必须毫不犹豫地相信它。

必须探究儿童的教师是能够理解儿童的,就像耶稣理解儿童一样。我们希望去谈论这种努力,并给以解释和解说。真正的教师不仅仅是一个不断努力使自己变得更好的人,还应该是一个能消除内心障碍的人,因为这种内心障碍使他不能理解儿童,所以要消除它。我们应该对一些教师指出什么是他们需要制止的一些内在脾性,正如医生会向病人指出某

---

[1] 七大罪恶,指骄傲、贪婪、淫欲、发怒、酗酒、嫉妒、懒惰。

种疾病是因为某个身体器官正在变衰弱或出现凶兆。因此，这是一些确实有益的帮助。

在心里出现并阻碍我们去理解儿童的罪恶就是发怒。

但是，没有一种罪恶是单独起作用的，它总是与其他的罪恶结合在一起。所以，发怒带来傲慢，这是一种更显贵，也更凶暴的罪恶。

对于这些坏脾性，例如"七大罪恶"，可以采用两种方法来纠正：一种是内部的，对个人来说就是，他尽力清楚地意识到自己意志中的一些缺点，与之进行斗争，并使自己克服它们；另一种是外部的，一个社会环境中有正确的观念，可以把它看作是抑制我们坏脾性的一种外部形式。

这种外部形式的抑制作用具有巨大的影响力。人们可能会说，主要是道德上的缺点在提醒我们。在许多情况下，这种外部提醒促使我们反省，因此它对我们内心的纯洁起了重要的和强有力的作用。

让我们认真思考一下"七大罪恶"。我们的傲慢由于其他人对我们的看法而减弱；我们的贪婪由于我们生活的环境而减少；我们的发怒由于其他人的强烈反应而被制止；我们的懒惰由于为了生活去工作的需要而被克服；我们的淫欲由于社会的习俗而被抑制；我们的贪欲由于获得比我们需要更多东西的极大可能而收敛；我们的嫉妒由于必须保持尊严而消除。无疑，所有这些可能会依靠与自身缺点进行斗争的个人意志而得到补充。但是，这些外部因素对我们来说是一种非常有益的持续的告诫。总之，社会监督为维持我们的道德平衡奠定了良好的基础。

然而，当我们行动时，我们不会像服从上帝那样怀着虔诚的心愿去服从社会的压力。相反，尽管我们很愿意承认必须纠正自己所认识到的心灵上的错误，但出于羞耻，却不能轻易接受其他人对我们心灵上错误的纠正。在屈从这样的压力下，我们甚至宁可犯错误，也不接受它。当必须接受它时，我们会本能地想要挽回面子，甚至说我们选择这样的做法是不可避免的。这方面的例子可以在一次谎言中得到证实，例如，当我们没能得到想要的东西时，我们就会说"我并不喜欢它"。这是一种道德上最常见的虚伪。

事实上，我们希望强调的是，教师必须使他的内心做好准备。他必须系统地研究自我，以便发现自己身上某些具体的缺点，因为这些缺点会成为他对待儿童时的障碍。为了发现这些已成为教师潜意识部分的缺点，我们需要帮助和教导，正像我们需要其他人观察我们并把观察到的结果告诉我们一样。

在这一方面，教师需要得到引导和使内心做好准备。他必须先研究自己的缺点和坏脾性，而不要只注意儿童的坏脾性和如何纠正儿童错误的行为，或者认为那是原罪的影响。

首先让教师清除自己眼中的沙粒，然后他才能更清楚地知道如何消除儿童眼中的尘埃。教师的内心准备与宗教信徒追求的"完美"截然不同。一位好教师未必是"完美的"，也未必没有过失和缺点。事实上，那些不断追求内心生活完美的人，有可能仍有潜意识地阻碍他们去理解儿童的那些缺点。这就是我们为什么必须受到教育，必须接受指导，必须接受成为幼儿教师的训练。

我们遇到来自矫饰的阻力并不大，这说明我们正在继续战斗，还没有获得一种十分完美的方式。正如在所有的战斗中一样，我们不久就会发现，组织无疑是需要的，个人的脾性会淹没在共同的脾性之中。一些具有同样缺点的人本能地通过联合去寻求欢乐。但事实上，他们会建立防御工事，抵抗与他们的基本观点相冲突的那些人。

例如，一种公平的财富分配会使富人感到不高兴，因为他们是贪婪的和懒惰的。然而，这样的一种财富分配对所有人来讲都是有益的，也是社会进步所必需的，因此我们甚至将会发现许多富人宣称为了公共利益愿意这样做。我们有一种本能倾向，那就是在一些崇高的和必要的责任的借口下掩饰自己的罪恶，正如在战争中通过挖战壕来掠夺土地或把进攻性武器描绘成保卫和平的工具。抵制我们缺点的外部力量越软弱，我们就越容易编造掩饰缺点的借口。

通过这些思考，我们逐渐认识到，我们关心自己的缺点甚于我们去思考。当我们因自己的缺点而遭受指责时，我们容易潜意识地掩饰它们。但实际上，我们并不在保护自己，而是在为自己的罪恶辩护。我们使它披上了"需要""责任""公共利益"等伪装，渐渐地，我们把虚假的东西看作是真实的东西，陷入一种错误的境地而难以自拔。

教师以及一般与儿童教育有关的所有人，必须使自己从这错误的境地中解放出来，这种错误使他们不能正确对待儿童。他们必须努力克服由傲慢和发怒组成的那些缺点。傲慢和发怒这两种罪恶是紧密相连的，实际上，发怒是主要的罪恶，随后傲慢给它提供了一个漂亮的伪装。傲慢使成人的个性有一个合法的借口，使它看起来那么可爱，甚至令人尊敬。

发怒是一种罪恶，但它肯定会受到其他人强有力的抵制。冷静就是对发怒情绪的控制。因此，发怒是一种表现，但一个人会发现自己很难忍受来自他人的发怒。在那种使人羞愧的境地中，能对发怒行为进行自我反思的人就会迅速摆脱出

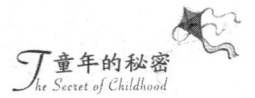

来,并最终为自己的发怒感到羞愧。

儿童不能保护自己,他们相信别人所告诉的任何事情。在他们身上,我们好像找到了一个发泄自己情绪的机会,但儿童不仅会很快忘记我们的罪恶,而且对我们指责他们的一切感到内疚。他们像圣弗朗西斯(St. Francis)[1]的信徒。圣弗朗西斯会突然大哭起来,认为自己是一个虚伪的人,因为一位教士曾这样告诉他。

我们应该反思不适宜的环境对儿童生活产生的各种影响。这样的环境使儿童不能用他的理性去理解不公正,但他心里知道某件事是不公正的,因而变得抑郁,甚至心理畸变。儿童会出现一种无意识的防御反应。具体来讲,儿童会用胆怯、说谎、任性、无理取闹、失眠和恐惧表现出来,因为他还不能真正了解与成人的关系。

但是,发怒并不总表示身体上的暴力行为。"发怒"这个词通常被理解成那种原始的和不成熟的冲动,它能够导致一些复杂的表现。心理更加成熟的人往往会掩饰发怒的复杂心态。事实上,就其最简单的方式而言,对儿童发怒就是对儿童公开反抗的一种指责。但是,在儿童心灵比较模糊的表现

---

1 圣弗朗西斯(1567—1622),法国天主教主教。

方式面前,发怒和傲慢会融合在一起而成为一个复杂的整体,采取一种明确、彻底和体面的方式体现出来,这种方式通常以"专制"著称。

毋庸置疑,我们有一个苦恼,那就是把专横的人放在一个公认权威、坚不可摧的堡垒之中。成人是正确的,仅仅因为他是成人。怀疑它,就好像是对一种既定的和神圣的统治方式的攻击。在早期社会,暴君被看作是上帝的一个代表。而对儿童来说,成人就是上帝。成人完全是不容怀疑的。事实上,唯一要怀疑的就是儿童,而儿童应该保持沉默,他应该使自己去适应一切,相信一切,宽恕一切。当儿童受到体罚时,他并不还手,尽管生气但还是请求成人饶恕他,他甚至忘记问自己在哪方面犯了过错。

然而,儿童偶尔也会采取自卫的行动,但这种自卫的行动几乎不是对成人行为的直接的和有意的反应。实质上,这是儿童想尽力保护自己的心理诚实,或是对心灵受到压制的一种无意识反应。

只有当儿童长大一点时,他才开始直接反对专制本身。但到那个时候,成人又会找到一些理由进行辩解,他仍然使自己披上一种伪装,有时甚至成功地使儿童相信这样的专制是为了他好。

对儿童来说,"尊敬"成人是他唯一应该做的事,因为弱者要尊敬强者。但成人认为,他完全有理由"冒犯"儿童。他能公开评判或诋毁儿童,甚至可以伤害儿童的自尊心。

儿童的需要是受随心所欲的成人指引或压制的。儿童的抗议被认为是不服从,那对成人来说是危险的。

这是仿效早期社会的一种统治形式:那些君主从臣民那里强征贡物,臣民除了服从之外别无选择。儿童应该把一切都归功于成人,像那些认为自己所得到的一切好处都是君主的善行的人一样。但成人是不相信这一点的。他有意扮演了救世主的角色,傲慢地认为他创造了儿童的一切。他使儿童聪明、善良和虔诚,使儿童能有需要并能与环境、人和上帝接触。为了使这幅画面更完美,成人拒绝承认自己是专制的。难道暴君会承认他折磨过他的臣民吗?

新教育要求教师在精神上做好准备。那就是说,他必须检查自己,摒弃他的专制。他必须消除心里用外壳包住的傲慢和愤怒。他必须变得谦逊和慈爱。这些就是教师必须获得的美德。这种精神的准备将给予他所需要的平衡。这就是教师训练的出发点和目的。

这并不意味着,我们必须赞成儿童做的每一件事,或是必须避免评判儿童,或是可以忽视儿童智力和情感的发展。

第 5 章　教师的任务

完全相反,教师必须牢记他是儿童的一位真正教师,以及他的使命是去教育儿童。

我们首先必须谦虚,根除潜藏在心中的偏见,但不能这样认为:当儿童接受教育时,他应该拒绝接受帮助。我们必须使自己的内心发生一次根本性的变化,防止从成人的角度出发去理解儿童。

第 6 章

教育的方法

方法的起源

我们教育方法的最重要的特征是对环境的强调。另一个特征是对教师作用的极大关注和讨论。缺乏主动精神的教师强调自己的活动和权威,因而成了儿童活动的障碍。然而,具有主动精神的教师在看到儿童活动并取得进步时不仅感到高兴,而且表示赞美。还有一个特征就是对儿童人格的尊重,其程度是任何其他教育方法从未达到过的。

这三条基本特征在以"儿童之家"闻名的教育机构中得到了充分的展现。因为我们希望"儿童之家"这个名称带有"家庭"的含义。

那些关注新教育运动的人知道,这种新的教育方法一直被广泛地讨论。这种教育方法特别注意颠倒儿童和成人的角色——教师几乎没有教学，而儿童是活动的中心，可以自我学习，并自由随意走动和选择要做的事。人们并没有把它看作一种乌托邦，而认为是一种夸大。

下面谈一谈我们关于环境设施的想法。要创造的一切设施都要适合儿童身体这样一种环境，这种观点已得到人们的赞同和接受。在那些干净明亮的教室里，有装饰着花朵的低矮窗户，仿制现代家庭家具的各种微型家具——小桌子、小扶手椅、漂亮的窗帘、儿童可以自己开门的矮橱，以及橱内存放的儿童可以随意使用的各种教具。总之，这一切看起来是对儿童生活的一种真正和实际的改进，将有助于儿童的发展。我相信，有更多的"儿童之家"会保持这种令儿童欣喜和方便的外部条件，会把它作为"儿童之家"的一个主要特征。

经过长期的研究和实验之后，现在我们感到需要再次对"儿童之家"进行思考，尤其是对教育方法的起源进行阐释，是很有必要的。

有人认为，对儿童的观察使我们得出一个惊人的结论，即儿童具有一种神秘的本性，对这个结论的直觉使我们构想出一种特殊学校和特殊的教育方法。其实，这种想法是非常

错误的。对某种未知的东西作观察是不可能的。一个人通过一种模糊的直觉,想象儿童具有两种本性,并且企图用实验把它们展现出来,这也是不可能的。可以说,任何新的东西肯定会通过它自己的能量展现出来;当它利用机会展现时,最初目睹它的人可能会持怀疑的态度。就像世上每一个人一样,他也拒绝新的东西。结果,这个迄今仍未被认识的东西,在被人们最终看见、承认和满腔热情地接受之前,它肯定还会不断地展现自己。那些被新的东西震惊并最终接受的人会深深地迷恋它,并且为它奉献自己的生命。他的激情如此巨大,以至于他可以使其他人相信他就是它的创造者。然而,事实上他只不过是对它的展现更为敏感罢了。对我们来说,困难的是发现新的东西,更困难的是使自己相信一些东西是新的,因为在新的东西面前我们的感官大门却是关闭的。但当我们有了这样的发现并承认它时,就变得像《圣经》中搜寻宝珠的那个商人,当他找到一颗价值连城的宝珠时,为了能买下宝珠竟卖掉他拥有的一切。

我们的心理就像贵族的一间画室,这间画室是不对陌生人开放的。如果陌生人要进去,他必须由另一个已熟悉这间画室的人介绍。那是因为人们总是从已知到未知的。因此,一个人如果没有人介绍,他只得砸坏紧闭的门或在门半掩着

第6章 教育的方法

时偷偷地溜进去。当他最终进入这间画室时，他就成为了一个令人惊奇的人物。伏打（A. Volta）[1]注视到青蛙被剥皮后蛙腿抽动时，肯定对此有点难以置信。尽管他注意到这个事实，但他仍坚持实验，因而认识了静电的作用。有时候一件细小的琐事会开辟一个无止境的新领域。从本质上说，人是一个探究者，只有通过对貌似毫无意义的细节的发现，他才可能前进。

在物理学和医学中，一个新发现的认定有着严格的标准。在这些领域中，一个新发现就是对以前尚未被认识的事实的最初发现，很可能这个尚未被认识的事实一直是不受怀疑的。也就是说，它们好像并不存在。这种事实总是客观的，并不依赖个人的直觉。在验证新的事实时有两个步骤：首先，必须把它分离出来，并在不同条件下进行研究；其次，必须研究环境，使新的发现在这个环境中得到显示，因而我们可以再现它和使它永久存在。只有当这个基本问题得到解决时，才能研究新的发现。然后，开始研究并在新的道路上发现新的东西，研究者可以得到真正的发现。当然，没有一个人会研究一些他不知道存在的东西，那是很明显的。探究很可能是一

---

[1] 伏打（1745—1827），意大利物理学家、化学家。

个接待室,也可以暗指一种幻象。一种研究形式总是与再现、保存和掌握一种发现有关,因此它将不会如幻象一样消失,因而具有一种真正的价值。

第一所"儿童之家"

第一所"儿童之家"创立于1907年1月6日,招收三至六岁的正常儿童。当时,我们还没有形成专门的教育方法。但是,很快我的教育方法就在"儿童之家"中付诸实践。除了五十多名衣衫褴褛、胆怯的贫苦家庭儿童之外,我一无所有,其中不少儿童还在流泪。把孩子委托给我照管的那些父母几乎都是文盲。

最初的计划是把那些幼小的儿童集中在一起,这样他们就不会被扔在楼梯上玩耍、弄脏公寓的墙壁或产生令人烦扰的混乱。我受邀来负责这个教育机构。

我有一种奇妙的感觉,正是这种感觉使我在"儿童之家"开始的时候,满怀信心地宣布整个世界总有一天会说这是一项"崇高的"事业。

第 6 章 教育的方法

这天是主显节[1]，在教堂里读到《圣经》上的那段话对我来说好像是一种预兆和预言："看到地球被黑暗笼罩……但是，太阳将在东方升起，它的光辉将成为人们的指南。"所有出席"儿童之家"开幕式的人都感到很惊讶，相互问：为什么她要在地球上为贫苦家庭儿童提供这么好的一个教育机构？

我开始工作，就像一个拒绝好的玉米种子的农夫找到一块肥沃的土地，并随意地把种子撒在那里。结果是相反的。我在地里一挖就发现了金子，而不是粮食，泥土下面隐藏着珍宝。我并不认为自己就是那个农夫。更确切地说，我就像愚蠢的阿拉丁（Aladdin）[2]一样，手里拿着一把钥匙，却不知道这就是打开隐藏珍宝大门的钥匙。

事实上，为这些正常儿童工作给我带来了一连串的惊讶。也许，这个奇迹般的故事值得说一说。

一般认为，那些已在心智有缺陷儿童的教育中大获成功的方法，肯定也是正常儿童更好发展的一个真正关键。通过这些方法的运用，我在治疗弱智儿童的心理和改变他们的思维方式上取得了成功，其中一些心理卫生的原则可以有效地

1　主显节，1月6日纪念耶稣显灵的节日。
2　阿拉丁，阿拉伯神话故事《一千零一夜》中的人物。

帮助正常儿童发展得更快和更好。但是,这一切并不那么惊人,已有的教育理论是讲求实际的和科学的,因为它确信人的心理应该是均衡发展的和深思熟虑的。但这并没有改变下面这个事实:我在使用这些已有教育理论时,最初并没有取得期望的效果,这使我感到惊愕,并常常有点怀疑。

这些教具运用于正常儿童和心智缺陷儿童的效果是不同的。与那些智力差的儿童在一起,这些教具对我来说是有用的,它们可以作为激起儿童兴趣的一种手段。于是我竭尽全力劝说这些儿童运用教具去学习。确实,这些教具能使心智缺陷儿童在心理健康上得到改善,并学到一些东西。但是,正常儿童的情况正好与此相反。当一个儿童被一种教具吸引时,他把全部注意力集中于这个教具,始终以一种惊人的、聚精会神的态度连续学习。在完成学习后,他显得满意、轻松和高兴。这种轻松感和满意感是我从那些平静的小脸蛋和闪烁着完成自发任务后满意的眼神中看到的。我给儿童提供的教具就像拧紧钟表发条的钥匙。但不同的是,钟的发条上紧后,钟就不断地运转了,而儿童在使用教具后,不仅能持续地使用它,而且他的心理比以前更健康、更有活力。这样的学习是一种真正的心理激励。

要使我相信这不是一种幻觉是需要时间的。在每一次新的经验证实情况确实如此之后，我曾对自己说："我还不相信，下一次我将相信。"因而在相当长的一段时间里我仍然不敢相信，但同时我又感到十分震惊。多少次，当教师告诉我儿童正在擅自做什么时，我并不责备他。我严肃地说："这种情况确实给我留下深刻的印象。"我记得，这位教师常常流着泪回答说："你是对的。每当我看到这样的情况时，我就想肯定有个守护神正在激励这些儿童。"

有一天，当我怀着极大的敬意和慈爱看着这些儿童时，我把手按在心口上情不自禁地问道："你们是谁？也许我见到的这些儿童就是耶稣手里怀抱的儿童？"

我手里正拿着真理的火炬，继续走我自己的道路。

当我在"儿童之家"里见到第一批儿童时，他们眼泪汪汪且十分惊恐，他们是那么胆怯以至于不敢开口说话。他们的脸上毫无表情，眼睛显得迷茫，似乎在他们生活中从未见过任何东西。事实上，他们是未被妥善照管的贫困儿童，在光线黑暗和破落的小屋中长大，缺乏刺激心灵的东西和关爱。任何人都可以看到，他们营养不良，需要好的喂养并得到新鲜的空气和阳光。他们似乎是注定不能开花结果的幼芽。

了解这种新颖环境能使这些儿童产生如此惊人的转变，或者说了解能使这些儿童具有新的心灵并使它的光辉扩展到

整个世界,是有趣的。

在儿童发展的过程中,清除那些障碍物就能促使儿童的心灵得到解放。但是,谁能够想象出这些障碍物包括什么呢?或者,需要什么环境才能促使这些儿童的心灵发芽和开花呢?通常,许多环境与我们期盼的目标相距甚远,甚至截然相反。

让我们从这些儿童的家庭境况开始说起。他们的父母属于社会上最低的阶层,没有固定的职业而不得不每天出去找工作,因此,他们既没有时间也缺乏办法很好地照管子女。而且,他们本身几乎都是文盲。

很明显,这样的父母对这样的儿童进行教育是没有什么希望的,为他们寻找一位受过训练的教师也不太可能。后来,一位受过良好教育的年轻妇女接受了聘请。由于她刚开始学习当教师,因此既没有作为教师的抱负,也没有任何真正的教师所必需的准备或偏见。这个教育机构并不是一个慈善团体,而是由一个建筑协会创办的。他们把儿童聚集在一起,目的是避免公寓大楼的墙壁遭到损坏,从而减少维修房屋的费用。所以,它并不是一项社会福利事业,也从来没有想过为儿童提供免费的午餐、医疗,或成为一所带有教育目的的学校。唯一允许的开支是为办公室添置必需的家具和辅助设备。这就是为什么我们一开始只准备我们自己的家具,而没有买学校应有的桌子。

因此,第一所"儿童之家"并不是一所真正的学校,而像一只开始时置于零位的测量表。由于我们的资金如此有限,以至于儿童和教师都没有桌子,也没有一个办公室或一个住所应有的专门设备。但与此同时,我拥有一些在心智缺陷儿童教育机构中所使用的特殊设备,这些东西不能归入通常学校设备之列。

第一所"儿童之家"的环境并不像我们今天所看到的"儿童之家"那样明亮和令人愉快。在家具中给人印象最深的是一张牢固的桌子,它用作教师的桌子,还有一只体积很大的柜子,用来储藏所有的教具。这只柜子的坚实的门是锁着的,钥匙由教师保管。提供给儿童的桌子造得结实耐用,每张桌子的长度足以使三个儿童并排就座。它们就像学校中的桌子一样,一张挨着一张排列。除了儿童坐的长凳外,每个儿童还有一把很简单的小扶手椅。院子中虽然栽种植物,但除了一小片草坪和树木外,并没有花朵。这后来就成为我们学校的一个特征。在这样的环境里进行任何重要的实验,其诱惑力是不大的,但是,我想有趣的是进行系统的感官教育,以了解正常儿童与心智缺陷儿童在反应上的差异。我特别感

兴趣的是，了解年纪小的正常儿童和年龄较大但心智缺陷的儿童之间是否存在差异。不管怎样，我没有轻视这样的研究工作。我对教师没有作任何约束，也没有强加任何特殊的责任。我仅仅教这位教师如何运用一些感官材料，这样她就可以教儿童使用它们，这对她来说是容易的和有趣的。但是，我并没有阻止她发挥自己的创造精神。

事实上，过了不久，我就发现这位教师自己制作了一些其他材料供儿童使用，其中有装饰精美的金十字。她是用纸张做这些饰物的，并且把它们作为奖品发给表现最好的儿童。我经常发现一些孩子胸前佩戴这些饰物。她还创造性地教儿童如何敬礼，尽管大多数儿童是小女孩，最大的仅仅五岁。但是，这些敬礼动作似乎令她感到高兴，我发现这件事既使儿童快乐，又对他们无害。

于是，我们开始了平静和孤独的生活。在很长的一段时间里，没有一个人知道我们正在做什么事。

儿童的表现

我很想总结这个时期的主要成果，尽管要说到的一些事是那样微小。这些事情只是记录那些儿童从进入"儿童之家"

后就开始发生的故事，而不是一篇正式论文。我自己在这方面的行动是那么简单，那么不成熟，没有人会真正希望从中得到一种科学的观点。当然，一种有条理的描述将意味着心理上的大量观察，或者最好说，心理上的大量发现。

重复练习

引起我注意的第一个现象是，一个大约三岁的小女孩不停地把一系列的圆柱体放进孔中，然后又从孔中取出。这些圆柱体大小不同，正好与木板上的大小不一的孔相对应，就像软木塞盖住瓶口一样。我惊讶地看到，那么年幼的儿童竟然能如此聚精会神一遍又一遍地重复进行这项练习。这个小女孩在速度或技能上并没有显示出进步，而是一种重复不停地运动。由于我有计数的习惯，我开始数她重复这项练习的次数。另外，我决定要看看她在这种工作中专心到何种程度。我告诉教师让其他儿童唱歌和到处走动，但这丝毫没有干扰她的工作。然后，我轻轻地连人带椅抬起坐在椅子上的她，把她放在小桌子上。当我抬起小椅子时，她一把抓起正在操作的圆柱体，把它们放在自己的膝盖上，仍然继续她的工作。这时我开始计数，这项练习她一共重复了四十二遍，然后才停下来，仿佛从梦中醒来并愉快地微笑着。她的眼睛炯炯有

神并环顾四周。她似乎还没注意到我们的各种花招。这些花招在干扰她的工作上是不成功的。至此,无疑这个小女孩的工作已完成了。但是,她完成了什么呢?她为什么要去完成这个工作呢?

这是我们第一次洞察到儿童那尚未被探索的心灵深处。这个小女孩正处于一个注意力无法持久的时期,注意力会不停地从一件事跳到另一件事。然而,她却变得如此专注于正在做的工作,以至于她感觉不到任何外部的刺激。当她把大小不同的圆柱体精确地放进相应的嵌孔中时,与她的专心致志伴随的是手的有节奏的运动。

相似的情况在各种场合出现,而且每次当儿童经历这种体验之后,他们就像经过休整的人,充满活力,似乎感受到一种莫大的欣喜。

虽然这种儿童忘却外部世界的专注状态并不常见,但我注意到这是一种所有儿童都会有的奇怪行为,而且在他们的活动中经常不断地表现出来。这是儿童工作的特征,我后来称之为"重复练习"。

有一天,我看到那些儿童正在工作的小手很脏,心想我应该教他们一些确实有用的事,比如如何洗手。接着我注意到,他们在手已经洗干净后仍在继续不断地洗。当他们离校时，又会再一次洗手。一些母亲告诉我：在早晨，她们发现自己的孩子在盥洗间洗手。这些孩子很自豪地伸出他们干净的小手，以至于有些小家伙被误认为是在讨东西。他们一次又一次地重复练习，这样做的时候并没有外在目的。他们在手早已洗干净的情况下仍继续洗是出于一种内在的需要。一项练习的各种细节被教得越详细，似乎越能刺激无穷尽的重复练习。

秩序感

我们还看到另一个很简单的事实。儿童所使用的有助于发展的感官材料，是由教师分发给他们的，使用完以后再由教师把它们放回原处。这位教师告诉我，每当她这样做的时候，儿童们就会站起来并围住她。她要求儿童回到自己的座位上，但是他们总是又回到她身边来。这种情况发生了很多次，她原先断定这是儿童不服从的表现。但当我观察这些儿童时，我发现其实他们是想自己把感官材料放回原处，于是，我让他们自由地去这样做。因此，对于儿童来说，一种新的生活开始了。把一些东西放整齐，就成了一种对儿童颇有吸引力的工作。如果一个儿童手里拿着的一杯水掉在地板上并把玻璃杯砸碎了，其他儿童就会奔过去，捡起玻璃杯碎片并

把地板擦干净。

有一天,这位教师把一个盒子掉在地板,盒子里边装有八十块颜色深浅渐变的彩色方块。我记得这位教师有点慌张,因为要把这么多在颜色上略有细微差别的小方块重新排列起来是很困难的。但令我们惊讶的是,儿童立即奔向她,很快就把所有小方块按颜色的深浅正确地放在它们原先的位置上,表现出远胜我们的对色彩的敏感性。

自由选择

有一天,这位教师到校稍迟了一点,事先她忘了把柜子锁起来。到校后,她发现许多儿童已经把柜子门打开了,并围着它。其中有一些儿童正在取出教具把它们拿走。教师把这看作是一种偷窃行为,认为这些儿童如此不尊重学校和老师,应该严肃处理,并应该教导他们学会区分正确和错误。相反,我却把这件事看作是一个标志,它标志着儿童已经认识了各种教具,已经能做出自己的选择。情况证明确实如此。这使儿童开始了一种有趣的新活动。现在,他们可以根据自己的特殊爱好选择工作。为了使儿童能够这样做,我们后来制作了矮柜,这样儿童可以方便地选择与他们的内在需要相应的教具。因此,重复练习的原则之外,又加上了"自由选择"的原则。

尽管在"儿童之家"里有一些确实奇妙的玩具,但没有一个儿童愿意选择它们,这使我十分惊讶。我决心进行干预,给儿童演示如何玩这些玩具。我教他们如何拿小碟子,如何在小厨房里点火,并在它旁边放一个可爱的娃娃。但儿童只表现出片刻的兴趣,然后就各自走开了。由于他们从来没有自由地选择这些玩具,因此我认识到,在儿童的生活中,玩玩具也许只是其中很小的一部分,是由于没有更好的事情要做,儿童才去玩的。当儿童感到他有重要的事情要做时,他似乎是不会进行这种活动的。他视游戏就如同我们看待下棋或打桥牌一样,同样对我们来说,下棋或打牌是休闲时的一种快乐的消遣活动,但如果我们被迫一直下棋或打桥牌而不做其他事情,那就会成为一种痛苦。当我们有重要的事情要做时,就会忘掉下棋或打桥牌。由于儿童面前总有一些重要的事情要做,所以他对玩玩具就不觉得特别有趣。

因为每个儿童都是不断从较低的阶段发展到较高的阶段,所以他的每一分钟都是宝贵的。儿童在不断地成长,他会迷恋于对他的成长有帮助的每一件事,而对休闲的工作变得不感兴趣。从儿童的自由选择中,我们能看到他们的倾向和心理需要。其中最有趣的一个发现是,儿童不会选择我们提供

的所有教具,而只选择某些类别的教具。他们总是去挑选同样的教具和一些自己明显偏爱的东西,其他的教具很少被他们留意到,以至于积满了灰尘。

我常常把所有教具都拿给儿童看,并讲解如何使用,但对某些教具儿童从不主动再次使用。于是我认识到,对儿童来说,每一种教具不仅应该井然有序,而且应该与他们的内在需要相适应。只有消除教具的混乱无序并去掉不必要的教具,才能更好地激发儿童的兴趣和专注。

奖励与惩罚

有一天我去学校,看到一个儿童独自坐在教室中央的一只扶手椅上,无所事事。他的胸前佩戴着一枚教师奖励的金十字奖章。然而这位教师告诉我,这个小家伙正在受惩罚。原来是另一位儿童得到了这枚奖章,他起先把它别在自己胸前,但很快就把它送给了这位正在受惩罚的小家伙。奖章对于他是无用的东西,似乎会妨碍他去从事的工作。而坐在椅子上的那个小家伙也毫不在乎地看一眼奖章,然后安静地环顾四周,毫无受罚的感觉。这件事使我们充分认识到奖励和惩罚的无效,但我们应该对儿童做更进一步的观察。后来,长期的实验证实了我们最初的直觉。对那些毫不在乎任何一种处理的儿童来说,教师感到已经无须再去奖励或惩罚他们了。更令我们惊讶的是,大多数儿童经常拒绝奖励。一个得到奖章的儿童把奖章送给其他儿童的事实说明,他并不认为这是一种错误的行为,反而认为是在做一件好事。后来,我们就常常见到那些金十字奖章别在儿童胸前,并没有引起任何的反应。这标志着一种意识的觉醒以及一种微弱的尊严感的出现,而这在以前是不存在的。此后,我们就不再对儿童进行奖励和惩罚了。

安静练习

有一天,我抱着一个只有四个月大的女婴到教室去,她的母亲就站在院子里。这个婴儿整个身体紧裹着襁褓,这是盛行的一种风俗。她的脸蛋又胖又红润。她很安静,这种"安静"给我留下了深刻的印象。我想和儿童们分享这种感受,于是我对他们说:"她毫不作声。"然后我开玩笑地补充说:"看,她站得多稳啊。……你们谁也不能像她站得那么稳。"(我指出婴儿的脚被包在襁褓里。)使我惊讶的是,所有儿童都异乎寻常地盯着我,并把他们的脚并拢在一起不动。他们似乎在专心地听我讲话,希望领悟我话里的意思。"注意,"我继续说,"她的呼吸多么柔和,你们谁也不能像她一样平静

地呼吸……"十分惊讶的、站着一动不动的儿童开始屏住呼吸。那一刻，出现了一种令人难忘的安静，我听到了平时难以听见的挂钟滴答声，似乎这个女婴把平时从没有过的安静气氛带进了教室。这是因为没有一个人会做出可能发出声音的动作，他们都专心致志地体验着这种安静，并在脑海中再现它。所有的儿童都参与了这项活动。这不是出于一种激情，因为激情意味着一种冲动和外在表现的东西，而它主要是来自一种内心的愿望。那时，所有的儿童都十分安静地坐着，尽可能地控制自己的呼吸，像那些正在沉思的人那样脸上露出一种宁静和专注的神态。在这令人感动的安静中，我们渐渐能听到极其轻微的、如同远处滴水的和鸟鸣那样的声音。这件事情就是我们的安静练习的由来。

一天，我想我可以用这种安静来检验儿童听觉的灵敏程度。于是，我在不远处低声叫他们的名字，就像某种医疗检查中的做法一样。无论谁听到他的名字就必须走到我面前来，而且走的时候不能发出任何响声。一共有四十个儿童参加这次练习，我想，耐心等待练习对这些儿童来讲也是一种磨炼。因此，我带了一些糖果作为对那些达到要求的儿童的奖励，但他们拒绝拿这些糖果，仿佛在说："不要破坏我们美好的体验，我们心里一直是充满欣喜的，不要分散我们的注意力。"

第6章 教育的方法

为此，我终于认识到，儿童不仅对安静敏感，并且对叫他们的声音也很敏感，尽管这种声音在安静环境中几乎很难听到。他们会踮起脚尖慢慢地走过来，并且小心翼翼地不碰撞任何东西以免发出响声。

后来，我又清楚地认识到，每一项能纠正错误的练习，例如这种以安静制止喧闹的练习，对儿童完善他们的能力来讲是有帮助的。重复这种练习能使儿童在完美的行为上得到训练，而这仅仅通过言教是很难获得的。我们的儿童通过学习如何绕过各种东西而不碰撞它们，如何轻快地走路而不发出响声，因而变得敏捷和机灵。他们对自己能完美地完成这些动作而感到兴奋。他们颇有兴趣地发现了自己的潜力，并在他们的生命力不断展现的神秘世界中使自己得到练习。

我花了很长的时间才使自己相信，在儿童拒绝拿糖果的背后有它的内在原因，那就是，糖果往往被作为一种奖品而提供给儿童，它并不是必要的和规定的食物。众所周知，儿童总是喜欢吃糖果的，因此儿童拒绝糖果对我来说是如此的不可思议，我希望做进一步的试验。我随身带了一些糖果到学校去，但儿童拒绝接受它或者只是把它放在罩衫的口袋里。考虑到他们的家庭都很贫穷，我想他们可能要把这些糖果带回家去。我对他们说："这些糖果是我给你们的，其他一些糖

果你们可以带回家里去。"他们接受了这些糖果,但再一次放进口袋而不吃它们。后来,当教师去看望其中一个生病的儿童时,她才发现,儿童对这种礼物是珍惜的。这个小男孩十分感谢老师的来访,并打开一只小盒子,取出一块他在学校中得到的糖果给老师吃。这些诱人的糖果存放在小盒子里已经好几个星期了,而这个儿童一直没有碰它。这种现象在儿童中是如此普遍,以致许多参观者后来到我们学校只是要证实一下他们从书中得知的这一现象。这是儿童在自我内部的一种自发和自然的发展。当然,没有人想要教他们修苦行和放弃糖果,也没有人会荒谬离奇地说"儿童既不应该玩耍,也不应该吃糖果"。当儿童的心理生活升华时,他们自愿拒绝这些无用的、外在的乐趣。一天,有人给他们一些烤制成几何形状的小甜饼,这些儿童没有吃,而是目不转睛地看着它们说:"这是一个圆!这是一个长方形!"民间还流传着另一个有趣的故事,讲的是一个贫家小孩,他注视着在厨房里忙着烹饪的母亲。当他母亲拿起一块黄油时,这个小孩说:"这是一个长方形!"母亲削去一只角,小孩说:"现在是一只三角形。"接着又补充说:"剩下的是一个不规则的四边形。"但他一直没有说人们期待之中的话:"给我一些面包和黄油。"

第6章 教育的方法

尊严感

我还发现其他一些颇有点奇怪的事情。有一天，我想给儿童上一堂有点幽默的课：如何擤鼻涕。在示范使用手帕的不同方法后，我还指导他们如何尽可能做得不引人注意。于是，我以一种他们几乎不能觉察的方式拿出手帕，并尽可能轻地擤着鼻涕。儿童凝神注视着我，没有一个人发出笑声。但是，我刚结束示范他们就热烈鼓掌，掌声就像在剧场中听到的那样长久而热烈。这确实使我感到惊讶。我从来不知道这样小的手竟能发出这么响的声音，也没想到这些儿童会那么热烈地鼓掌。接着我就明白了，也许我触及了他们极其有限的社交生活中的敏感点。儿童在擤鼻子上往往感到很困难。由于在这件事上他们屡屡遭受成人责备，因而对此十分敏感。叫嚷和辱骂声强烈伤害了他们的感情。为了防止丢失手帕，他们在学校里还得把手帕惹人注目地别在围兜上，成人进一步伤害了他们。但是，没有一个人真正地教他们应该如何擤鼻子。我们应该把自己放在儿童的位置上，或者说，我们应该懂得儿童容易感受到对自己的嘲笑，因为这些嘲笑会使他们感到丢脸。因此，当我这样做的时候，他们感到这不仅是在公正地对待他们，而且抵偿了过去的羞辱，还使他们在社会

童年的秘密
The Secret of Childhood

生活中取得了一种新的地位。无论怎样,长期的经验告诉我,这件事情可以这么解释。我逐渐认识到,儿童具有强烈的个人尊严感,而成人从未能意识到他们的心理很容易受到伤害和遭到压抑。那天当我正要离开学校时,这些儿童开始呼喊起来:"谢谢你,谢谢你给我们上这一课!"当我走出大楼时,他们跟在我后面一直走到街上,沿着人行道排列成一支队伍,静悄悄的,直到最后我对他们说:"你们回去吧,走路小心,不要撞到墙角。"这时,他们转过身,飞一般地在大楼门背后消失了。确实,我维护了这些贫困家庭儿童的社会尊严感。

当参观者来到"儿童之家"时,儿童的行为举止表现得既尊严又自重。他们知道如何热情地接待这些来访者,并给这些来访者看他们是怎样进行学习的。有一次,有人预先通知我们,有一个重要的人物要单独跟这些儿童在一起以便能够观察他们。我告诉这位教师:"听其自然吧!"然后我又对儿童说:"明天将有一位客人要来,我希望他会认为你们是世界上最好的儿童。"后来,我问这位教师这次访问进行得如何?她回答说:"非常成功。有些儿童给这位客人一把座椅,并很有礼貌地说'请坐',其他儿童说'早上好'。当这位客人要离开时,他们都把身子探出窗喊道:'谢谢你的来访,再见!'"我问这位教师:"你为什么要教他们这样呢?我告诉过你不要做任何特殊的事情，一切顺其自然。"她回答说："我没有跟儿童讲任何事情，是儿童自己这样做的……"她又补充说："我甚至不能相信自己的眼睛，我对自己说肯定是天使激励着他们。"她又继续告诉我，儿童比平时更勤奋地进行学习，所有的工作都干得很出色，令这位来访者惊叹不已。

很长一段时间，我对这位教师说的话有点疑惑。我担心她也许要求这些儿童准备或排练了，于是我再次向她问起这件事。但最后我认识到，儿童已经有了他们自己的尊严感，他们知道如何去工作以及如何真诚友好地接待来访者。他们尊重自己的客人，为能向客人表演自己能做的工作而感到自豪。我不是对他们讲过"我希望你们的客人会认为你们是世界上最好的儿童"吗？但是，可以肯定，并不是我的话使他们如此去做。无论何时，当我对他们说"你们将有一位客人要来"，这就等于宣布客人已到了会客室。这些具有尊严感和富于自信的儿童，总是乐意接待客人的。

因而我懂得，有些事情是很简单而又神奇的。这些儿童再也没有过去的那种羞怯。在他们的心灵和周围环境之间已不存在任何障碍。他们的生命力充分地、自然地展现着，就像莲花伸展出白色花瓣接受阳光的哺育，散发出芬芳的花香。重要的是，儿童发现在他们的发展道路上已没有障碍。他们

无须隐藏、恐惧、回避。事情就这么简单。我们可以说,其原因就在于他们能迅速和完美地适应他们的环境。

这些儿童是机灵的、活泼的,但又总是镇定的,不时散发出一种精神的火花,使与他们接触的成人从心底感到振奋。他们欢迎所有给他们带来关爱的人。因此,那些重要的人士开始访问"儿童之家",并获得了一种新的和令人振奋的印象,这些儿童也成了社会生活的中心。看到一些普通来访者在参观后难以掩饰其兴奋心情,往往是令人好奇的。例如,一些女士衣着华丽、佩戴珠宝,似乎要出席一个招待会,但当她们见到如此有活力、天真和谦虚的儿童时,她们不仅表示欣喜,而且大加赞美。当听到年幼的儿童向来访的客人致欢迎辞时,她们感到很高兴。这些儿童抚摸着女士们华丽的衣料,拉住她们柔软芳香的手。有一次,一个小男孩走到一位居丧的女士面前,把自己的小脑袋紧靠着她,然后把她的一只手放在自己的双手中间,以表示哀悼。这位女士后来非常激动地说,没有一个人像这个儿童那样给她如此的安慰。

自发的纪律

尽管儿童有行动的自由,但总体而言他们给人的印象是非常有纪律的。他们安静地工作,每个人都专注于自己的工作。当去取出或送回教具时，他们也都是安静地走来走去。他们会离开教室，在院子里张望一下，然后又回来。对教师的要求，他们执行起来快得惊人。教师告诉我："儿童会照我说的去做，以致我开始感到要对我说的每一句话负责。"如果教师要求儿童进行安静练习，那么，事实上，在她提出要求之前，他们就会一动不动。然而这种表面的服从并没有阻止儿童独立地行动，也没有妨碍他们按自己的爱好安排一天的活动。他们拿自己工作所需要的教具，并把学校整理干净。如果教师来迟一点或单独让儿童们留在教室，一切都会照常进行。最吸引参观者的是，儿童们能把秩序和自发的纪律结合在一起。

儿童即使在十分安静中也表现出极好的纪律，并在提出要求之前就表现出服从。这些表现的源泉是什么呢？当儿童进行工作时，教室里十分安静，这是非常感人的。没有一个人破坏过这种安静气氛，也没有一个人能通过外在的手段获得这种安静的气氛。也许这些儿童找到了他们的运行轨迹，就像星星不停地运行和周期性地闪闪发光一样。这种自然规律似乎超越了它的直接环境，并表现为支配世界的宇宙规律的一部分。人们认为，这种自然界的规律肯定为诸如社会生活的规律等所有其他形式的规律提供了基础，其他形式的规

律都是由外部和直接的因素决定的。事实上,激起人们最大的兴趣并为教育理论提供最多养料的,恰恰就是只有在秩序和纪律的基础上才有自由这一事实,这一观点对某些人来说是难以理解的。

有一天,意大利总理的女儿陪同阿根廷共和国大使来参观"儿童之家"。这位大使提出,不要预先通知他的来访,这样他就可以更确切地证实自己经常耳闻的情况。但当他们一行到达学校时,才知道是假日,学校不开门。当时,在院子里的一些儿童马上走过来,其中一个儿童很自然地解释说:"今天是假日,但没有关系,我们都在这幢大楼里,门卫有钥匙。"于是,这些儿童跑到各处去叫他们的小伙伴。教室的门打开后,他们都工作起来。他们令人惊讶的自发性行为无疑得到了证实。

儿童的母亲们已经意识到这样的事实。可以想象,当意大利国王和王后以及一些名人等访问者来院子里看望她们的孩子时,这些住在公寓大楼里的母亲是多么惊讶。她们以前从未见过这样的场面。这些儿童的母亲经常会跑到我这儿,告诉我在家里发生的事。她们悄悄地说:"这些三四岁的小孩,如果不是我们自己的小孩,那他们所说的话肯定会令我们恼火。例如,他们会说'你的手多脏,该洗一洗了',或者会说'你应该擦掉衣服上的脏东西'。听到他们对我们说这种话时，我们并不恼火，但仿佛又像做梦。"如今，这些贫困的家庭变得更清洁、更整齐了，破碎的锅罐开始从他们的窗台上消失了，擦干净的玻璃窗在阳光下闪闪发光，院子花坛中的天竺葵也开始怒放。但给人印象最深的是，一些妇女经常把天竺葵放在学校的窗台上和地板上，并烧煮一些特别令人喜爱的菜肴送到教室以表示感激的心情，而且还不让教师知道谁在这样做。

书写与阅读

一天，两三位母亲作为代表来找我，要求我教她们的小孩阅读和书写。这些妇女自己都是文盲，当时我反对这样做，认为这样的要求超过了我原先的设想，但她们一再恳求。

接着，一些令人惊讶的事情发生了。我教这些四五岁儿童一些字母，于是让教师用硬纸板做成这些字母。有些是用发亮的纸板做的，这样儿童既可以用手指在上面顺着字形写，又可以感知它们的形状。我把这些字母放在黑板上，把形状相似的字母归类在一起，这样儿童在触摸这些字母时，他们的小手就会顺着字形进行有点相同的描摹动作。教师很喜欢这种安排，也没有对儿童提供更多的帮助。

童年的秘密
The Secret of Childhood

我不能理解这些儿童为什么如此激动。他们把这些字母像旗帜一样高举起来，列队绕圈行走，并且欣喜地高呼。这是为什么呢？有一天，我惊讶地看到一个小男孩独自一个人在走路，口中不断地重复着："要拼'sofia'这个字，你必须有一个'S'，一个'O'，一个'F'，一个'I'和一个'A'。"他重复说，把这些字母拼成了这个词。实际上，他是在对自己头脑中的一个词进行研究和分析，并且寻找组成这个词的语音。依靠对探究的浓厚兴趣，这个儿童终于认识到，每一个音都对应着一个字母。事实上，很多字的拼音不就是语音和符号之间的对应吗？口头语言本身就是讲出来的东西，书面语言仅仅是逐字把语音转变成可见的符号。它们两者的平行发展标志着书写的进步。书面语言最初是从它相应的口头语言中提炼出来的，就像滴水汇成大河，后来它们汇成了一条有特色的溪流：字词和说话。

人们发现了一个真正的秘密，那就是，书写对字词和说话两方面都有好处。它使手几乎无意识地掌握一种与说话同样重要的技能，并且创造出能完全精确地反映口头语言的另一种语言，即书面语言。因此，脑和手都是书写的受益者。手提供了一种新的动力，就像变成瀑布的一滴水一样。整个语言逐渐具有了它的书面形式，因为它是由一些语音组成的一条溪流或一条瀑布。

作为文字发展的一种自然结果,书写的出现是合乎逻辑的。为此,手肯定具有描摹的能力。一般来说,这些字母的符号很容易描摹,因为它们仅仅代表特定的语音。但是,在"儿童之家"里发生的一切完全出乎我的意料,此前我一点也没有想到。

有一天,一个儿童开始学习书写。他太惊奇了,于是大声喊叫:"我会写字了,我会写字了!"其他儿童兴奋地围上去,看着他用粉笔写在地板上的那些字。"我也会,我也会!"他们也叫嚷着跑去找写字的地方。一些人拥挤在黑板的周围,其他人趴在地板上。他们都开始学习书写,就如一次爆炸一样。这种孜孜不倦的活动像一股洪流势不可挡。他们在家里到处写,在门上、墙上,甚至在面包上写。这些儿童只有四岁左右,他们的书写才能的显露是我们完全没有料到的。例如,教师就告诉我:"这个小男孩是从昨天下午三点开始学习书写的。"

我们仿佛目睹了一个奇迹。我们曾收到一些插图精美的书籍,当把这些书发给儿童时,他们显得很冷淡。这些书中有精美的图片,但这些东西只会使他们分心,而不能全神贯注于书写这项有吸引力的新工作。因为他们这时要写字而不

是看图片。也许这些儿童以前从未见过书,但很久以来我们一直试图激起他们对书籍的兴趣。要使他们理解我们所说的"阅读"的含义,那更是不可能的。因此,我们就撇开这些书,等待一个更合适的时机。儿童不大喜欢阅读别人写的东西,似乎他们还不能读出这些字。当我大声念出他们写的字时,大多数儿童转过脸来呆呆地看着我,似乎在问:"你怎么知道的?"

大约六个月后,儿童开始理解所阅读的字的含义。之所以能取得这种进步,不过是因为阅读和书写结合了起来。当我在一张纸上描字时,他们都注视着我的手,并认识到我正在表达我的思想,就和说话一样。当认识到这一点后,他们就开始拿起我写过字的那张纸,走到角落里并试图阅读这些字。他们只是默读,并没发出声音来。然后,因努力思考而皱起的小脸突然露出笑容,并且高兴地蹦跳起来,仿佛原来隐藏在体内紧压的弹簧突然放松了。这告诉我,他们已经读懂我写的这些字了。我写下的每一个句子都是一个命令,例如,我曾经用口头语言表达过的"开窗""到我面前来",等等。这就是儿童阅读的开始。不久,他们就能阅读包含有复杂命令的长句子。但是,这些儿童似乎仅仅把书面语言理解成表达自己思想的另一种方式,就像口头言语是人与人之间

第6章 教育的方法

直接进行交往的一种方式一样。

事实上,当参观者来访时,许多以前用口头方式致欢迎辞的儿童现在开始保持安静。他们会站起来,在黑板上写"请坐,谢谢你们的来访",等等。有一天,我们正在谈论西西里岛发生的那场可怕的灾难:地震彻底毁坏了墨西拿城[1],造成数千人死亡。这时,一个大约五岁的儿童站起来,走到黑板前写下:"我感到遗憾……"我们注视着他,以为他会对所发生的事情表示口头哀悼,但他继续写:"我感到遗憾,我是一个小孩。"这似乎是一种奇怪的自我中心的反应。但这小家伙又接下去写:"如果我是大人,我会去帮助他们的。"这个儿童已经写出了一篇小文章,并表达了他内心的善良。他的母亲靠在街上卖草药来维持生计。

后来,一些更令人惊讶的事情发生了。那时我们正在准备一些材料教儿童认识印刷体字母以便他们能阅读这些书,他们开始阅读在学校中所能发现的印刷体字母,但有些字母很难辨认,例如日历,因为日历上的字母是用哥特体[2]印刷的。与此同时,这些儿童的父母告诉我们,他们的小孩在街上停

---

1 墨西拿城,意大利西西里岛东北端的城市,1908年全城为强地震所毁。
2 哥特体,中世纪北欧国家流行的字体。

童年的秘密
The Secret of Childhood

下来读商店招牌上的字母,简直没法外出跟孩子一起走路。显然,这些儿童感兴趣的是认识这些字母而不是读这些句子。他们希望学习另一种书写方式,并通过知道字的含义的方式来学习。这是一个直觉的过程,就像成人辨认刻在岩石上的史前文字一样。成人猜出那些符号中的含义就证明已经正确辨认出它们。儿童对任何印刷体的了解和强烈的兴趣同样源自这样一种动机。

如果过于匆忙地对儿童解释这些印刷符号,就可能扼杀他们探究的兴趣和渴望。过早地强求儿童通过书本来识字,对他们是没有帮助的。展现这些并不很重要的东西,也会削弱他们充满活力的心理能量。于是在很长一段时间里,我们把这些书一直收藏在柜子里。只是到后来,儿童才接触它们。接触的方式很有趣,一天,一个儿童很兴奋地走到学校,手中捏着一张从一堆废纸中捡来的揉皱的纸,悄悄地对一位同伴说:"你猜这张纸上有什么东西?""什么也没有,它只是一张纸。""不,这张纸里有一个故事。""上面有一个故事?"这立刻吸引了一群好奇的儿童。这个儿童拿着这张从书本上散落下来的纸,开始读起来,读那个故事。最后,儿童理解了书本的重要性,书本也就成了他们迫切需要的东西。然而,当他们在书上发现一个有趣的故事时,许多儿童会把这一页纸撕下来带走。那些可怜的书啊！它们价值的发现竟会带来人为的破坏。这种情况的发生会使往常平静的学校秩序变得混乱起来，因此我们必须管住这些因喜爱阅读而变得具有破坏性的小手。甚至在他们学会阅读和尊重书本之前，我们已经帮助他们学会正确地拼读和书写，并能与初三的学生相媲美。

身体的发展

在这段时间里，我们没有做任何事去改善这些儿童的健康状况。但是，现在没有一个人能从他们红润的脸蛋和机灵的眼神上看出，他们曾经是迫切需要食物、滋补以及医疗保健的营养不良和贫血的儿童。他们身体很健康，好像是由于呼吸新鲜空气和晒太阳而得到的。

事实上，如果说心理的压抑会影响一个人的新陈代谢并因而降低其活力的话，那么可以肯定，富有激励作用的心理体验也能增加新陈代谢的强度，并因而促进一个人的身体健康。我们对"儿童之家"的这些儿童所做的工作就能证明这一点。现在，这个真理已被普遍接受了，然而我们的经验在当时曾引起很大的轰动。

人们都在谈论"奇迹"，其中最有说服力的是，关于这

些创造奇迹的儿童的报道迅速在全世界传播。出版界出版了有关他们的书籍，甚至从他们身上获取创造小说的灵感。虽然这些作者如实描述他们看到的情况，但仿佛是在描绘一个没有被发现的世界。人们谈论对人类心理的发现，谈论"奇迹"，他们还引用这些儿童的谈话。最近出版了一本有关他们的英文书籍，书名为《新儿童》(*New Children*)。许多来自遥远国家的人，尤其是美国人，来到这里只为了亲眼见证那些令人惊讶的事实。

第7章

正常化发展

教育原则

关于"方法"问题,我将通过简要描述一些事情和印象来阐明。通过什么方法才能获得这样的结果呢?下面是我的看法。

人们并没有看到方法,看到的只是儿童。人们可以看到,没有障碍物约束的儿童的心理在根据其本性活动。我们所列出的童年期的那些特征全是属于儿童生活的,就像鸟的色彩和花朵的芳香一样。它们根本不是任何"教育方法"的产物。然而,很明显,儿童的自然特性会受到教育的影响,因为教育试图采用一种帮助儿童自然发展的方式去保护和培育儿童。这类似于新品种的花朵的培育,经过适宜的照管和工艺,园

艺学家就可以改良花朵的色彩、香味和其他自然特性,但不会改变花朵会开花的基本特性。

在"儿童之家"儿童展现了某些天赋的心理特征。这些心理特征不如植物的生理特征那样明显,因为儿童的心理生活很易变,在一种不适宜的环境中它的特征甚至会完全消失,并被其他东西替代。所以在讨论教育发展之前,我们必须创造一个适宜的环境,以促进儿童天赋的正常发展。要实现这一目的,最需要的是消除障碍物,这是教育的基础和出发点。因此,问题不仅仅是发展儿童的现有特征,而且还要发现儿童的本性。只有这样,才有可能促进儿童的正常发展。

如果考察那些偶然引起儿童正常特征发展的条件,我们会发现某些条件特别重要。其中,第一个条件是把儿童安置在一个愉快的环境里,在那里儿童不会感到任何压抑。那些来自贫困家庭的儿童肯定会发现他们的新环境很舒适,有整洁的白色教室,特地为他们制作的新的小桌子、小凳子和小扶手椅,以及阳光下的小草坪。

第二个条件是成人的积极作用。虽然儿童的父母是文盲,但他们的教师没有通常学校教师的傲慢和偏见,而是拥有一种"理智的沉静"。人们早就认识到教师必须沉静,但这种沉静往往被认为是一种性格和神经质。但是,一种更深沉的沉

第 7 章 正常化发展

静是无杂念、无阻碍的更好的状态，是内心清晰和思考自由的源泉。这种沉静由心灵的谦虚和理智的纯洁组成，是理解儿童必不可少的条件，因此，具有这种沉静是教师准备的最必要的部分。

另一个重要条件是要为儿童提供合适、吸引人和科学的感官材料，以便帮助他们进行感官训练。儿童能被这些材料吸引，并对运动进行分析和改进。这些材料还能教他们如何集中注意力，而这绝不是通过教师说一说就能做到的，因为教师的说只是一种外部力量。

可以看到，儿童的正常发展需要适宜的环境、谦虚的教师和科学的材料，这是我们对儿童进行教育的三个外部条件。

现在，让我们试图发现一些儿童的表现方式。最令人惊讶的是，连续的活动，这种方式几乎能像魔杖一样叩开儿童天赋正常发展之门。这种活动要求受心理指导的手指运动专注于一项简单的工作上。我们发现，儿童特征的发展显然来自一种内在的冲动，例如"重复练习"和"自由选择"，这是真正的儿童所进行的活动。我们看到，一个儿童欣喜并不知疲倦地从事一项活动，因为他的活动就像一种心理的新陈代谢，这种新陈代谢与他的生命和发展是相连的。于是，儿童自己的选择成为他的指导原则，他热情地对诸如"保持安静"

一类的练习做出反应,他喜爱一些能导向荣誉和正义的课程,他急切想要学会使用那些能发展心理的工具。然而,他厌恶诸如奖品、玩具和糖果之类的东西,有时还展现出他需要秩序和纪律。但他仍是一个真正的儿童,充满朝气、真诚、欢乐、可爱,高兴时叫喊着、拍着手,到处奔跑,大声迎接客人,反复感谢,用召唤和追随来表示感激,友善待人,喜欢看到的东西,使一切适应自己。

我们可以把儿童选择的东西和他自发的表现方式列一张表。同时,我们还可以加上那些他抵制的东西,那些东西在他看来是浪费时间。

第一项,儿童喜欢的东西:

个人工作

重复练习

自由选择

控制错误

运动分析

安静练习

社会交往的良好行为

环境秩序

个人整洁

感官训练

书写和阅读

复述

自由活动

第二项，儿童抵制的东西：

奖励和惩罚

拼字课本

玩具和糖果

教师的讲台

无疑，从这张表中我们可以发现一种教育方法的轮廓。总之，儿童本身已经为教育方法的构建提供了实际、明确甚至可以说已得到验证的原则。在这种教育方法中，儿童自己的选择是一个指导原则，他们的自然活力可以阻止错误。

人们惊奇地认识到，在真正的教育方法的构建中，这些原则始终起着作用。这也是长期的经验所证明的。它使我们想起脊椎动物的胚胎。在这种胚胎中，我们可以看到将来会变成脊椎柱的一条模糊的线。在这条线的内部可以看到一些

点，这些点将渐渐发展成互不相连的椎骨。这种胚胎本身分成了三个部分，即头部、胸部和腹部。同样地，我们教育方法的基本轮廓也有一个排列成线状的整体，它具有一些专门特征，这些特征将像椎骨一样会渐渐变化，而且这个整体也包括三个基本要素，即环境、教师和儿童所使用的各种教具。

一步步追踪这种基本轮廓的演变是很有趣的。在人类社会中，最初的工作是受儿童指导的。这表明了那些原则的演变，它们起初表现为一些从未被想到的新发现。这种特殊的教育方法的不断发展最好被看成是一种演变，因为其中新的东西来自生命，而生命的发展依靠它的环境。环境本身进而成为某种特殊的东西，虽然它由成人提供，但实际上是通过儿童生命发展所展现的新模式的一种积极和主动的反应。

这种教育方法迅速被应用于为所有种族和社会条件的儿童提供的学校，这给我们提供了丰富的实验资料，并使我们看到共同特征和普遍趋势。因此我们可以说，自然规律应该构成教育的首要基础。

特别有趣的是，仿效第一所"儿童之家"建立的那些学校采用了同样的原则，即在从外部采取既定的具体方法之前，期待儿童的自发表现。

第 7 章　正常化发展

遭受不幸的儿童

在罗马第一批创建的"儿童之家"中，其中一所有个令人感动和值得赞美的例子。这所"儿童之家"的情况与我们的第一所"儿童之家"不同，因为它的创建是为了照料在"墨西拿地震"（意大利历史上最大的灾难之一）后幸存下来的那些孤儿。在墨西拿城的废墟周围发现了约六十名活下来的幸运儿童，没有一个人知道自己的姓名或家庭背景。那场可怕的地震使他们变得沮丧、沉默、冷淡，难以进食和睡眠，晚上常常听到他们大声叫喊和哭泣。

意大利王后很关心这些不幸的儿童，为他们提供了一个欢乐的场所。他们的新家有着适合他们使用的各种色彩鲜艳的小家具，其中包括有门的小柜、小圆桌、稍高的长方形桌子、立式小凳和小扶手椅。窗户上都悬挂着彩色的窗帘，餐具设施也特别引人注目，儿童有自己的小刀、叉、匙、盘子、餐巾，甚至肥皂和毛巾的大小也跟他们的小手相适应。每件东西上都摆着一个考究的装饰品，教室墙上挂着一些图画，四周摆了一些花瓶。用来安置这些不幸儿童的场所是方济各会的一个寺院，有着宽敞的花园、宽阔的走道、金鱼池和鸽

房。在这种环境里,身着灰长袍、披着庄严的长头巾的修女们平静地走动着。

这些修女教儿童有良好的行为举止,并使他们的行为举止逐步得到改善。在这些修女中,许多过去是贵族,她们回忆起过去在上流社会里的行为方式,并把这些教给似乎永不知足的儿童。儿童学习像王子一样用餐,像最好的侍从一样端菜。虽然他们失去了对食物的自然欲望,但对所学到的新知识和进行各种活动显得很高兴。渐渐地,他们的食欲恢复了,也能很快地入睡。这些儿童身上产生的变化确实给人们留下了深刻的印象。他们到处奔跑和跳跃,把东西提到花园去,把房间里的家具搬到树下,既没有损坏也没有碰撞任何东西。在整个过程中,儿童的脸蛋上呈现出欢乐和幸福。

那时,有人第一次使用了"皈依"这个词。意大利最著名的一位女作家评论说:"这些儿童使我想起了皈依,也就是征服忧愁和沮丧,并逐渐上升到更高生活层次的不可思议的皈依。"尽管这是一种充满矛盾的表述,但这个想法在许多人心里留下了深刻的印象。"皈依"似乎和童年时期的无知状态相对立,然而这个词强调了对所有人来说都一目了然的精神变化。儿童在经历一种精神更新之后,他们摆脱了悲伤和放任,产生了欢乐和纯净。如果我们把放任和悲伤看作是一种对完美状态的背离，那么，恢复纯净和欢乐的状态就意味着"皈依"。

这些儿童是真正的"皈依"了，他们从一种悲伤的状态转变为欢乐的状态，克服了许多根深蒂固的缺陷，但还不仅如此，他们身上某些通常被看作是优点的特征也消失了。因此，这些儿童带来了一种令人迷惑的更新。他们用一种不可思议的方式表明，人已经犯了错误，必须完全更新。这种更新只有在一个人的创造力的源泉中发现。如果没有这种复杂的表现，我们学校里这些几乎处于绝望状态的儿童就不可能正确区分自己身上什么是善，什么是恶，因为对于成人来说这早就确定了。儿童的善是根据他们对成人生活环境的适应来衡量的，而不是相反。正是由于这种错误的观念，儿童的自然本性被掩盖了。天真无邪的儿童消失了，在成人社会生活中他们完全是一群陌生人。善与恶的评判已把儿童隐藏了起来。

富裕家庭的儿童

生活在不正常的社会环境下的另一类儿童是富裕家庭的儿童。人们可能会认为，教他们肯定比教第一所"儿童之家"

的贫困儿童或"墨西拿地震"的幸存孤儿要容易得多。但事实上他们是如何"皈依"的呢?和他们的家庭一样,富裕家庭的儿童被社会提供的奢侈品包围,似乎享有特权,但只要引证欧洲和美国一些教师的经验就足以说明问题。这些教师向我谈了他们最初的印象,并描述了在抵制这种观念时所遇到的困难。

尽管富裕家庭的儿童居住环境豪华,有花园小径和鲜艳的花朵,但这一切对他们没有吸引力。他们对那些能使贫困儿童着迷的东西也不感兴趣。因此,他们的教师确实感到迷茫和毫无信心,因为这些儿童只选择自己偏爱的东西。在一些学校里,那些贫困儿童通常会迫不及待地朝给他们的东西奔去,但富裕家庭的儿童早已玩腻了那些精致玩具,作为一种刺激物提供给他们时,他们不会立即做出反应。

一位美国教师 G 小姐从华盛顿给我写信:"这些儿童互相从其他人手里抢教具。如果我试图拿教具给某个人看,其他人就会丢掉手中的教具,吵吵嚷嚷和毫无目的地围住我。当我解释完一个教具时,他们全部会为它争起来。他们对各种各样的感官材料并没有表现出真正的兴趣,他们的注意力从一个教具到另一个教具,没有片刻留恋。有一个儿童就喜欢走动,以至于他坐在那里的时间不足以用手摸遍提供给他的

第 7 章 正常化发展

那些教具。在许多情况下,这些儿童的运动并没有目的,他们只会满屋地奔跑,毫不关心值得注意的东西。他们碰撞桌子,掀翻椅子,踩在教具上。有时候他们会开始在某个地方工作,然后就跑开了,捡起另一件教具,但接着又随意地把它丢掉。"

D 小姐从巴黎给我写信说:"我必须承认我的经验实在是令人沮丧。他们对任何工作的专注不会超过一分钟,没有主动性,不能持久。他们就像一群羊,常常相互跟来跟去。当一个儿童拿着某件教具时,其余的人也要这件教具。有时候,他们甚至在地板上打滚而把椅子弄翻。"

下面的描述来自罗马的一所招收富裕家庭儿童的学校:"我们主要关心的是纪律,因为这些儿童在工作时乱搞一通,并拒绝接受指导。"但现在的纪律情况有所好转。

G 小姐继续写她在华盛顿的经验:"若干天后,这个旋转粒子的星云群(指不守秩序的儿童)开始呈现一种确定的形状。看起来,似乎是儿童开始自己指导自己。起初他们把教具看作傻乎乎的玩具而毫不在乎,现在开始产生了兴趣。于是,他们开始作为独立的人而行动。一个能吸引儿童全部注意力的教具使他们不再被另一个教具吸引。这些儿童已经关注他们各自感兴趣的东西。"

"当一个儿童找到了能自发激起他强烈兴趣的某种东西、某个特别的教具时,他实际上赢得了这场战斗。有时候,这种热情是突然产生的,并没有任何预兆。我曾经试图用学校中几乎所有不同的教具来激发一个儿童的兴趣,但丝毫没有引起他的注意。但偶然有一次,我给他两块写字板,一块红色,另一块蓝色,要他注意这两种不同的颜色。他立刻伸出手,仿佛他一直在急迫地等待它们。在这堂课里,他认识了五种颜色。在随后的几天里,他拿起了过去的各种教具,逐渐变得对所有东西感兴趣了。"

"有一个儿童,他的注意力最初只能维持最短的时间。后来由于他对所使用的一个叫'长度'的最复杂的教具感兴趣,就摆脱了这种紊乱的状态。整整一个星期,他反复玩这个教具,学会了如何数数和做简单的加法。然后,他又开始用那些较简单的教具进行学习,变得对各种教具都感兴趣。"

"一旦儿童发现了某种使自己感兴趣的教具,他们就克服了那种不稳定性,而学会了全神贯注。"

同一位教师还就激发儿童的个性做了如下描述:"有对姐妹,一个三岁,一个五岁。三岁的女孩根本没有自己的个性,在所有的事情上都仿效姐姐。如果姐姐有一支蓝色铅笔,妹妹就会不高兴,直到她也有一支蓝色铅笔为止;如果姐姐吃

第 7 章　正常化发展

黄油面包，妹妹就除了黄油面包外什么都不吃，等等。她对学校中的任何事情都不感兴趣，只会到处尾随姐姐，模仿姐姐做的每一件事。然而，有一天，她突然对红色立方体感兴趣，搭起了一座城堡，并多次重复这项练习，完全忘记了姐姐。这使她的姐姐感到迷惑不解，以致喊住她问道：'为什么我在搭圆圈时你却在搭一座城堡？'正是从那天起，这个小女孩展现了她自己的个性并开始发展，而不再是她姐姐的一个影子。"

D 小姐描述了一个四岁的女孩。这个女孩根本不能端一杯水而不溅出水来，即使只是半杯水也不行，所以她故意避免做这种事。但在她成功完成自己感兴趣的另一项练习之后，她变得能毫无困难地端几杯水。在给正在画水彩画的同伴送水时，她能够做到不溅出一滴水。

一位澳大利亚教师 B 小姐给我们报道了另一个很有趣的事实。在 B 小姐的学校里，有个小女孩还不会讲话，只能简单地发一些模糊的音节。她的父母十分焦急，把她带到医生那里去检查她是否智力迟钝。有一天，这个小女孩对立体的镶嵌物感兴趣了，就花大量时间把那些小的木制圆柱体从洞孔里取出来，再放回去。她怀着强烈的兴趣一遍又一遍地这样做，然后她跑到教师面前说："你来看！"

B 小姐还写了儿童在学习中的欢乐。她写道:"当我们出示一些真正的新东西时,我们感到儿童会表现出自豪。当学会非常简单地做一些事情时,他们会在我们身边手舞足蹈,并伸出手臂勾住我们的脖子,而且会告诉我:'这全是我自己做的。你没想到我会吧!今天我做得比昨天好。'"

D 小姐说:"圣诞节之后,这个班发生了巨大的变化。我没有作任何干预,秩序似乎是他们自己建立起来的。这些儿童似乎陶醉在他们的工作里,不再像以前那样杂乱地工作。他们主动走到柜子那里,选择他们以前感到厌烦的那些教具,并陆续取出它们,没有表现出丝毫疲倦的样子。因此,在班级中已经形成了一种学习的气氛。那些过去仅凭一时冲动去选择教具的儿童,现在表现出一种内在的需要。他们把自己的精力集中在一些精确和有条理的工作上,并在克服困难时体验到真正的快乐。这种工作对他们的性格产生了直接的效果,他们成了自己的主人。"

令 D 小姐印象最深的一个例子是关于一个四岁半的小男孩,他的想象力异常丰富。他的想象力如此活跃,以致给他一个教具时,他不去注意它的形状,而是立即使它人格化,同时也使自己人格化。他滔滔不绝地说话,无法把注意力集中在教具上。由于他的心理如此紊乱,他在活动中的表现就很笨拙，例如他甚至不能系一个纽扣。突然，某种奇迹开始降临到他身上。D小姐说："我对他的显著变化惊讶不已。他把一项练习当作自己最喜爱的工作，进行一项又一项练习。由此，他变得沉静了。"

儿童的皈依

在我们制定真正的方法之前，可能那些学校教师提出的陈旧和权威的观点已在无止境地重复，它们基本上是相同的。几乎所有明智慈爱的父母关注的"幸福"儿童的生活中都可以发现相似的事情和相似的困难，虽然有些精神上的困难是跟物质上的富裕相联系的。这就说明了为什么基督那句著名的话能在每个人的心里扎根："赐福给那些精神贫乏的人！……赐福给那些悲哀的人！"

但是，所有人都受到了召唤，如果他们克服了困难，就能响应这个召唤。因而，"皈依"的现象属于童年。问题在于，这是一种迅速的变化，有时几乎是瞬息即逝的变化，始终来自同一原因。皈依没有使儿童的活动集中在一项有趣的工作上，这样的例子我一个也举不出。各种各样的皈依就是这样产生的。神经质的儿童变得平静了，有压抑感的儿童重

新获得了活力,所有儿童共同沿着这条有纪律的学习之路继续前进。这种进步是通过内在的能力而取得的。这种内在的能力已找到一种表现方式,能在外部的行动中表现自己。

这些事实具有一种剧变的特点,它预示着儿童以后的发展。可以把它们比作儿童某天突然长出的第一颗牙齿、说的第一句话或跨出的第一步。此后,他将长出其他牙齿,学会说话和走路。因此对每一个社会环境中的儿童来说,发展已受阻,或者可以说发展被引到一个错误的方向。我们的"儿童之家"在世界各地的扩展,表明了儿童皈依的普遍性。通过一种详细的研究,可以发现许多独特的品质消失了,而被相同的品质所取代。儿童早期的一些错误将会成为他心理生活中无数畸变的根源。

我们注意到一个奇怪的事实:儿童的皈依是一种心理治疗,使儿童回复到正常的状态中去。实际上,正常的儿童是一个智慧早熟、已学会克制自我、平静地生活以及宁可有秩序地学习而不愿无所事事的儿童。当基于许多实验结果再去看这个事实,我们可以更正确地把"皈依"称为"正常化"。人的真正本性隐藏在他自身之中,这种本性于诞生之初就被赋予,我们必须承认这种本性并允许它发展。

但这种解释并不会消除儿童皈依的现象。也许成人也会

第7章 正常化发展

以同样的方式皈依，但这种变化是那样困难，以致不能把它看作是人性的一种简单回归。在儿童身上，正常的心理品质形成可以很容易。到那时，所有不正常的心理品质都消失了，正如恢复健康之后疾病的所有征兆都消失了一样。如果用这种眼光去看待儿童的话，那我们就能更快地认识到，即使在不适宜的环境中儿童的正常化也会自发地展现。虽然由于儿童的正常化没能得到承认和帮助，这些正常发展的迹象会被否定，但它们仍然会作为生气勃勃的力量而得到恢复。这些力量能越过障碍，使自身的要求得到满足。可以这样说，儿童的正常化能量就像基督的声音，教导我们要宽恕，不是"七次"，而是"七十个七次"。尽管成人压抑儿童，但儿童在他的本性深处不断原谅成人，并努力使自己成熟起来。所以，儿童正在不断跟压抑他正常发展的力量进行斗争。

第 8 章

儿童的心理畸变

心理畸变的原因

通过对儿童特征的观察,我们惊讶地发现,正常化会导致许多童年时期特征的消失,既包括一些缺陷,也包括一些"优点"。在那些消失的特征中,不仅有不整洁、不服从、懒散、贪婪、以自我为中心、好争吵和顽皮,还有所谓的"创造性想象"、喜欢故事、对个别人的依恋、顺从、玩耍等等,还包括那些一直被研究和被看作是童年期的特征,例如模仿、好奇、反复无常和注意力不集中。这表明,儿童的本性至今尚未被了解,儿童真正正常的个性被披上了伪装的外衣。更惊人的是,这个事实很普遍,而且也不是新的。在很早的时候,人已被认为具有双重本性。第一种本性是在人的创造时

第8章 儿童的心理畸变

期被赋予的,第二种本性意味着人的最初罪恶,即违背规律而产生的结果。在这之后,人就像一只船漫无目的地到处漂流,受他的环境和心理幻觉所支配。因此,人走上迷途。这种总结人生哲学的观念有助于我们理解和阐释儿童的生活。一个人可能会被自身某种很小的东西引入歧途,在关爱和帮助的伪装下,这种东西在人毫不察觉的情况下产生作用。但是,它应该归咎于成人的盲目,成人无意识地以自我为中心会对儿童产生恶魔般的影响。然而儿童在不断更新,他们自身有一种完整的新形式,这种形式决定了儿童的发展。

如果儿童恢复正常,就会产生这样一种情况:他能专注于某些使他与外界现实相联系的正常动作。那么我们可以设想,儿童所有的心理畸变都有一个原因,即儿童不能采取他发展的独特形式,因为他在自我形成时期遇到了一个有敌意的环境,在形成时期,儿童的潜在能力应该通过实体化的过程展现出来。

因此,如果我们能够使一些推断变成一个独特、清晰和简明的原因,那么它就证明了这样一个事实:这些心理畸变属于生命的最初时期,人在那时还只是一个精神的胚胎。但是,这个独特和未知的原因有时会导致对整个人类的曲解。

心理畸变的表现

神游

"实体化"的概念可以用来解释心理畸变的特性。所以我们可以说,心理能力必须在运动中得到实体化,这样它才能统一这个正在展现的人格。如果这种统一不能实现,不管是由于成人占据了支配地位,还是由于儿童在环境中缺乏动力,心理能力和运动这两个因素就会各自发展,其结果是"人被分裂了"。从本质上来说没有一样东西会被创造或消灭,所以儿童的心理能力不是按它们应有的形式发展,就是沿着错误的方向发展。当这些心理能力失掉目的而随意漫游时,人就会处于空虚、发呆和混乱的状态之中。心灵本身应该通过自发的活动来塑造,这样才不会陷于幻想之中。当漂泊的心灵找不到可以工作的对象时,它就容易被图像和符号吸引。那些充满活力的儿童在遭受这种失调折磨后就会坐立不安,毫无目的地乱动。他们刚开始做某件事,尚未完成就把它丢下,因为他们的心理能力朝着许多不同的对象,而不能固定在某个对象上。不管成人惩罚,还是容忍这些儿童漫无目的、焦虑烦躁的行为，他们实际上是赞成和鼓励儿童幻想的，并把它们解释为儿童心理的创造性倾向。众所周知，德国教育家福禄贝尔（F. W. A. Froebel）发明了许多游戏和娱乐活动，用来鼓励儿童在这些活动中发展自己的想象力。成人教儿童观察他用积木搭成的马、城堡或国王的御座。事实上，儿童的想象力可以给任何物体赋予一种象征意义，这样就在他的心里产生了一种幻觉的景象。一只旋钮变成了一匹马，一张椅子变成了一个御座，一粒石子变成了一架飞机。儿童可以玩那些玩具，尽管这些玩具产生了各种幻觉，但未能为儿童提供与外界现实相联系的富有实际意义的活动。玩具给儿童提供的环境并没有实用的目的，除了产生幻觉外，它们并不能使儿童在精神上全神贯注，反而使儿童的心理走上幻觉的歧途。玩具能激起儿童的活动，就像隐藏在余烬之下的微火冒出来的烟雾。但是，这种火焰不久便熄灭了，这种玩具很快也被扔掉了。对此，成人却认为，对儿童的智力活动来说，玩具是他表现智力的唯一方式，因而尽力为儿童提供玩具，并让他自由地玩玩具。

成人给儿童的自由仅仅在他的游戏活动上，或者可以说，仅仅在他的玩具上。他们相信，游戏和玩具构成了儿童的幸福世界。尽管儿童很快就会厌倦他的玩具，并把它们搞坏，

但成人的这种信念还是继续存在。当成人毫不吝惜地把这些礼物送给儿童时,成人会被认为是仁慈和慷慨的。玩玩具是成人世界赋予儿童的唯一自由,儿童应该在这个时期为以后的生活奠定基础。尤其在学校,这种"分裂"的儿童被当作十分聪明的人,即使他们是任性的和无序的。但是,在我们专门为他们提供的环境里,会看到这些儿童马上投入到工作中去。他们的想入非非和坐立不安的动作消失了,而是平静地面对现实,开始通过工作促使自我完善。他们的正常化已经实现。他们无目的的行动变得有方向了,能使自己接受内在的指导。他们的运动器官成了渴望了解和真正认识外界现实的工具。因此,对知识的探究已经替代了无目的的好奇。

心理分析家用一种出色的洞察力把这种反常的想象力和过分热衷于游戏的状态描述成"心灵的神游"。"神游"是一种逃避,逃避游戏或逃入幻想世界常常会掩盖已经分裂的心理能力。"神游"代表了儿童自我的一种潜意识防御,这个自我会逃离苦难或危险,躲藏在一个面具之后。

障碍

教师在学校里发现,非常富于想象力的儿童并非像人们所期望的那样是班级中最好的学生,相反地,他们有时似乎

第8章 儿童的心理畸变

是一无所获的学生。尽管如此，但没有一个人会怀疑这些儿童的心理已经发生畸变了。人们认为，是巨大的创造性智慧使他们不能致力于实际事务。然而事实清楚地表明，一个已经心理畸变的儿童不能控制自己的心理，或者充分发展他的智力。儿童心理的这种弱点，不仅表现为智力受到损害——因为他的心理陷入了幻想世界，而且还表现为他丧失勇气并试图撤退到自我之中，这或多或少压制了儿童智力的发展。就一般的儿童来说，他们的平均智力水平比正常化的儿童的智力低。由于心理能力使用不当，他们就像骨折的儿童一样，要使身体恢复健康，就需要特殊的治疗。尽管这种治疗对医治心理失调并促进智力发展是必需的，但这些儿童没有得到精心的治疗，相反，他们常常受到压制。有一种有趣的心理现象，一旦畸变的心理失去防御能力，用压制的方式来纠正它是不可能的。这种防御并不是我们通常所看到的表现为违抗或固执的那种心理防御，相反，它是一种意志完全无法控制的心理防御，会潜意识地阻碍儿童接受和理解来自外界的观念。

这种现象被心理分析家描述成"心理障碍"。教师应该能认识到这一严重的问题，罩在儿童心理上的一层帘子使得他们的心理反应越来越不灵敏。通过这种防御机制，心理潜意

识却说:"你讲,但是我不听。你不断地重复讲,可我就是不听。因为我正忙于竖立一面墙把你拒之墙外,不然就无法构筑起我自己的世界。"

这种缓慢和延长的防御,使一个儿童的行为看起来好像已失去了其天性力量。这样,也就不再存在意志好坏的问题。事实上面对遭受心理障碍折磨的儿童,教师认为,这些儿童的智力低于平均水平,自然就不能掌握诸如算术和拼音之类的科目。

如果这样的心理障碍遍及许多不同科目,甚至全部科目,聪明的儿童也可能被看作是愚蠢的。如果他们留级几次,那么就会被认为智力低下。心理障碍通常并不是唯一的障碍物。它被外界防御物所包围,这些防御物一般被心理分析家称为"抵触"。最初儿童是对某一特定科目抵触,然后是对一般科目抵触,再以后是对学校、教师和其他儿童的抵触。那时就不再有关爱和热忱,儿童会害怕去学校,最后甚至完全脱离学校。

对某些人来说,他们往往会终身带着这些在童年时期设置的心理障碍。我们发现,许多人终身讨厌数学,这就是一个例子。他们不仅不能理解数学,而且只要一提到数学就会出现一种焦虑和厌烦的内在障碍。类似情况也会发生在文法上。我认识一位年轻的妇女,她很聪明,但就其年龄和文化背景而言,她在拼写上所犯的错误确实令人难以置信,而且所有试图弥补这个缺点的努力都被证明是无济于事的。她的拼音错误似乎随时间而成倍增长,甚至阅读经典著作也毫无用处。但是,有一天我意外地看到她书写得既漂亮又正确。这里我无法详述原因,但很清楚,她肯定改正了原来的表达方式。无论如何,有一种神秘的力量抑制着她的正确拼写能力,于是表现出来的是错误连篇。

人们可能会问,"神游"与"障碍"这两种畸变哪一种更严重。在我们具有正常化功能的学校中,事实证明,那些与游戏或幻想有关的神游是较易治愈的。下面的分析可以说明。如果一个人逃离了一个地方,那是因为他在那个地方没有发现他需要的东西;如果所有人都逃离一个地方,那是因为一个国家发生了重大的饥荒。我们总是设想,如果环境条件发生了变化,他们一定会回来的。我们能够召唤他们:"回来吧,我们将为你们的生活提供更好的条件,你们将在一个快乐的环境中发挥你们的能力。"

事实上,在我们学校里经常看到的一种现象是,心理失调和易怒的儿童会发生迅速的转变,他们似乎瞬间就从遥远的国土回来了。他们不仅改变了无秩序工作的习惯,而且通过获得平静和满意而产生了一种更深刻的变化。他们经历了

一种自然的转变,心理畸变自然消失了。然而,如果儿童没有消除自己的畸变,这些畸变将伴随他终身。许多似乎具有丰富想象力的成人,实际上对环境只有模糊的感觉,并受感觉印象所支配。这些人以富有想象力著称,但他们缺乏秩序感,仅仅是光线、天空、颜色、花朵、风景和音乐的热情赞美者。他们作为一位诗人去感受生活中的一些东西,但并没有深刻地了解所赞美的光线,以致真正地热爱它。给他们灵感的星星并不能使他们的注意力维持足够长的时间,从而获得最初步的天文知识。他们具有艺术家的气质,但并没有创作出任何艺术作品,因为他们缺乏耐心去获得任何技能。他们通常并不知道用自己的手去做什么。他们无法使自己保持平静,过分兴奋使他们无法去工作。他们会神经质地碰撞东西,并常常把东西打碎,会心烦意乱地拔起那些曾赞美的花朵。他们不能创造任何美丽的东西,也不能使自己的生活幸福,更不知道如何去发现世界上真正富有诗意的东西。如果没有人帮助,他们就会走入迷途,因为他们错误地把自己的器质性癖好当作一种完美的状态。这些缺陷可能发展成真正的心理疾病。它们起源于人的早期,那是最容易产生混乱的一个时期。如果儿童的发展道路受阻,就会引起心理畸变,而这些畸变最初是难以察觉的。

第 8 章 儿童的心理畸变

另一方面，一些心理障碍是很难克服的，即使幼儿的心理障碍也是如此。这些心理障碍建造了一堵封闭和隐藏心理的内部之墙，这堵墙是针对外界现实的防御工事。由于心理常常与所有可能是幸福之源的外界现实相隔绝，因此一出神秘的戏剧就只能在多种障碍物的背后演出。追求科学和教学的秘密、充满魅力的古典语言以及音乐，所有这些都成为那些自我孤立的人的"敌人"。儿童的心理能力被引入歧途，以致所有他可能喜爱的科目都不能激起其兴趣。一种使人厌烦的学习导致了儿童对世界的反感，世界在儿童心中没有一席之地。

"障碍"是一个有高度暗示性的词，它使我们想起在具有真正的卫生知识之前用来预防疾病的方法。那时人们都避免接触新鲜空气、水和阳光，而把自己一直关闭在密不透光的大墙背后。无论白天黑夜，人们都紧闭窗户，甚至无法使空气流通。他们用厚厚的长袍把自己的身体包裹起来，就像洋葱那样一层一层紧裹，由此防止干净的空气接触到他们皮肤上的毛孔。如此这般，所设置的障碍使人的身体与生活环境隔离了开来。

此外，在社会中看到的某些现象也使我们想起障碍物。为什么人们要相互孤立？为什么每个家庭怀着冷漠和抵触与

其他家庭隔绝开来？一个家庭内部不会追求孤独，因为它可以在自己的家庭圈子中找到快乐，所以会把自己的家庭与其他家庭分隔开来。建造这些障碍并不能保护爱。家庭的障碍是封闭和难以穿越的，它比这个家庭住房的围墙更坚固，因而这个障碍把人分隔成社会等级和民族。

依附

有些儿童的个性非常顺从，他们的心理能力太弱，不能抵制成人的影响。所以这样的儿童将自己依附于成人，这个成人倾向于用自己的活动来代替儿童的活动。他们变得过分依赖于成人而缺乏活力，然而他们并没有意识到这一点，这使得他们容易掉泪。他们始终抱怨所有的东西，似乎总是愁眉苦脸，表现出一种正在遭受痛苦的神态，还被认为神经过敏和感情脆弱。他们总是显得那样不耐烦，然而自己并没有认识到这一点，因此求助于其他人和成人，因为他们不能摆脱厌烦的压抑。他们依附其他人，似乎他们的生命依赖于这些人。他们请求成人的帮助，要求成人与他们一起玩耍，给他们讲故事、唱歌，而且要求成人永远不离开他们。与这样的儿童在一起，成人变成了奴隶。即使儿童和成人之间似乎有着很深的理解和感情，成人也会陷入同一境地。儿童总是不断地问"为什么",似乎他们渴望知识,但如果仔细观察,就会发现他们并未倾听回答,转而又会马上提出另一个问题。儿童身上表现出的那种仿佛是想知道一切的好奇性,实际上是让一个会给他们帮助的人一直待在他们身旁的一种手段。

儿童很容易放弃自己的活动,而服从成人的每一个命令。成人将发现,他轻易地就能以自己的意志代替儿童的意志,儿童在每一件事情上也会顺从地让步。但这里存在一种巨大的危险,它将导致儿童陷入一种冷漠的状态,这种冷漠会被称为"懒散"或"懒惰"。成人对这种状态是高兴的,因为这种儿童绝不会成为自己活动的障碍,但这实际上只会使这种心理畸变更加严重。懒散是一种心理疾病吗?它可以比作一个患有严重疾病的人身体虚弱,是富有活力和创造性的心理能力衰退的一种外在表现。基督教认为,懒散是七大罪恶之一,是会使灵魂死亡的罪恶之一。

成人往往会通过他无益的帮助和暗示性力量使自己的活动代替儿童的活动,因而阻碍儿童的发展。然而,成人并没有意识到这一点。

占有欲

幼小的婴儿和正常化的儿童都具有使用其官能的自然倾

向。这种外部运动使他们对周围环境并不是冷漠的,而是深深地热爱的。可以把他们比作是寻找食物的饥饿者。为满足一种物质需要而渴求食物,这并不是理性的产物。例如,虽然他在饥饿时不会说:"我已经很长时间没有吃东西了,如果不吃的话,我就不能保持我的力量,甚至不能活下去。因此,我必须找些有营养的食物吃。"但是他马上会去寻找食物,因为饥饿是一种痛苦,它不可抵挡地驱使我们马上去寻找食物。儿童也会有一种饥饿,他使自己去环境中寻找能滋养他精神的东西,但他是在活动中找到滋养品的。"让我们像新生儿一样喜欢精神的乳汁吧。"这种动力就是儿童对环境的热爱,这是人固有的本能。但是,说儿童充满激情地喜欢他的环境,这并不正确,因为激情是冲动和瞬间的,与之相反,应该将它描述成一种"维持生命所必需的"动力。这种动力驱使他不停地活动,好比氧气在他体内产生热量,维持他的生命。一个有活力的儿童会给人们这样一个印象:他正生活在一个有助于他自我实现、适宜的环境中。如果没有这种环境,他的心理生活就不能得到发展,而会一直处于懦弱、异常和孤独的状态。这样的儿童会成为一个麻木不仁和不可思议的人,可能是空虚的、无能力的、任性的、令人讨厌的和脱离社会的人。

第8章 儿童的心理畸变

对儿童来说，如果他不能在有助于其发展的活动中找到目的，那他就仅仅被某些"东西"吸引，并渴望占有它们。拿取某些东西并把它收藏起来是容易的，因为这并不需要知识和爱。但儿童的心理能力由此被转移到另一个方向，当他看到一块金表时就会说"我要它"，然而他并不能说出表上的时间。这时另一个儿童也会立即叫起来："不，给我。"他们准备为这块金表打架，根本没有考虑过这样做可能会把金表损坏。人们就是通过这种方式开始相互竞争的，甚至是毁坏式的竞争。

实际上，几乎所有道德上的偏差都来自在爱和占有之间做选择时所跨出的第一步。一旦儿童做出了这种选择，他就投入全部精力沿着这两条岔道中的一条走下去了。儿童的自然能量像章鱼的触手一样伸展出去，抓住并毁坏他急不可待想要的东西。一种主人感使他牢牢地捏住东西，他准备保卫它们，就像捍卫自己的生命一样。强壮活泼的儿童通过击退其他儿童来保卫自己已占有的东西。由于想要同一种东西，他们之间就经常会吵架。这就产生了痛苦的反应，一种残酷的感情导致他们为一些琐碎小事而争吵。这种争吵实际上不重要，但又很严重。于是出现了一种不协调，在那些应该光明的地方却是黑暗，这是因为一个人的自然能量偏离了方向。

因此,占有欲的根源在于某些内在的罪恶,而不在于那些引起占有欲的东西。

众所周知,作为儿童道德教育的一部分,我们告诫儿童不要把自己依附于外界的东西上。这种教育的基础是对他人财产的尊重。当儿童做到这一点时,说明他已经把自己与崇高深层的内心生活联系了起来,这就是为什么他渴望转向外界的东西。这种欲望深深地渗透进儿童的心灵之中,可以把它看作是儿童本性的一部分。

甚至那些比较顺从的儿童也把注意力转向无价值的物质,但他们是以不同的方式"占有"这些东西的。他们不善于争吵,通常不跟其他人对抗,宁可去积聚和隐藏一些东西,因而被认为是"收藏家"。但他们并不是按某种分类的知识来收藏东西,他们收藏的东西五花八门,相互之间毫无关联。病理学家发现这样一种荒唐且不合逻辑的情况,不仅心理有缺陷的成人如此,不良行为的儿童的口袋里也会装有无用杂乱的东西,这些人对收藏都有一种癖好。个性软弱和缄默的儿童也会从事相似的活动,但是,他们收藏东西的习惯被认为是完全正常的。如果有人要夺走这些收藏品,他们将竭尽全力保卫它们。心理学家阿德勒(A. Adler)对这种收藏习惯给予了有趣的解释,他把它比作成人的贪婪,而这种贪婪在幼儿期就可以辨认。如果一个人依附许多东西，但并不是他需要的，又不愿意放弃，这将是一剂致命的毒药，他的发展就会失去基本的平衡。

父母很乐意看到孩子保卫自己的财产，他们把这看作是人性的一部分和社会生活的一个重要因素。具有占有欲和收藏习惯的儿童在社会中往往能得到人们的理解。

权力欲

与占有欲相关的另一种特有的欲望就是不正常的权力欲。在想支配环境的人身上有一种本能的力量，这种力量使他通过"热爱"环境进而获得对外部世界的占有。但是，如果这种本能力量不是心理发展的自然产物而仅仅成为一种贪婪，那么这种力量也就偏离了方向而趋于占有。

对一个不正常的儿童来说，当他感到有一个能支配一切的强有力的成人在场时，他的自我感觉就好。实际上这种儿童认识到，如果他能利用成人的活动，自己的力量就大。于是他开始利用成人，这样他所获得的东西就能比通过独自努力获得的东西多得多。这种方法完全可以理解，所有儿童都是这样被潜移默化的，以致被认为这很寻常，很难纠正。当然，这也是儿童经常采用的一个典型策略。对一个软弱无能

的儿童来讲，再没有比这更自然和合理的了。一旦他发现自己可以利用另一个强有力的人，他就着手这样做，并开始提出一些被成人认为不合理的要求。事实上，儿童的欲望是无止境的。对一个富有想象力的儿童来讲，成人拥有无限的权力，能够满足他所有变化无常的愿望。在对儿童极富魅力的神话故事中，这样的想法得到了充分的展现。儿童感到，他的模糊愿望在这些神话故事中得到了令人欣喜的描述。从仙女那里获得力量的人，能得到仅靠人力无法获得的财富和恩赐。仙女有好的和坏的、美丽的和丑陋的之分。在穷人和富人中，在树林里和迷人的皇宫中，都可以发现这些仙女。生活在成人中的儿童想象出来的仙女形象，有像祖母般年老的仙女，有像母亲一样年轻美丽的仙女，有些仙女衣衫褴褛，而有些仙女穿着丝绸衣服并戴着金首饰，正如有贫穷的母亲和身穿华服的富裕母亲一样。但是，她们都宠爱她们的孩子。对于成人来说，无论他高或矮，与儿童相比他总是一个强有力的人。儿童受了自己梦幻的支配而开始利用成人。最初成人看到他给儿童带来幸福时既满意又高兴，但是，这种让步带来了不幸。成人帮儿童洗手，但他以后将为这种做法付出代价。儿童在得到最初的胜利之后，就期待第二个胜利，于是成人做出的让步越多，儿童就越渴望得到更多的东西。最后，成人这种满足儿童欲望的错觉结成了苦果。因为物质世界是极端有限的，而想象力又是漫无边际的，结果与实际相抵触并产生了剧烈的冲突。儿童的任性变成了对成人的惩罚。成人突然认识到自己错了，说："我已宠坏了我的孩子。"

即使一个顺从的儿童也有其征服成人的方法。他通过一些富于情感的方式，例如，他用他的眼泪、恳求、忧郁的眼神和自然魅力来征服成人。成人肯定会屈服，直到他无法给予更多，然后陷入痛苦。这些不正常的状态将产生畸变。成人终于感觉并认识到自己的行为方式是儿童缺陷产生的根源，并试图寻求纠正的办法。

但每一个人都知道，没有任何东西能纠正儿童的任性固执。无论规劝还是惩罚，都无效。这就好像你对一个因高烧而神志昏迷的人说他会治愈的，如果他的体温还不降下来就威胁说要揍他。事实上，成人在关爱儿童时并没有为他的发展提供一定的方式，反而阻碍他接触真正的生活，因而使他的发展走入歧途。

自卑

成人并没有意识到他们对儿童表现出一种藐视。虽然父亲可能会相信他的小孩漂亮完美并引以为傲，对小孩的未来

寄予希望,但是一种神秘的驱动力使他的行为举止表现出似乎他的孩子是"愚蠢"和"顽皮"的,因此需要纠正。这种模糊的看法使得成人藐视儿童。在儿童的心目中,成人被看成是最强大的人。成人有权在儿童面前随意表现自己,但在其他人面前这样做就会感到羞耻。在家庭中,成人的贪婪、专制和暴虐在父亲权威的伪装下不断砸碎儿童的自我,例如,当成人看到儿童端着一杯水,他害怕这只杯子摔破,这时贪婪使他把这只杯子看作一件珍宝,并把它从儿童手中夺过来。也许这个成人很富有,为了使儿子比他更富有,他考虑要使自己的财产增加好几倍。但是,他当时却认为一只杯子比儿子的活动价值更大,因而无论如何要保护杯子。他同时又想:"为什么这个孩子一定要这样端杯子,而我要用另一种方式呢?难道我没有权利按自己的方式这样去做吗?"然而,乐意为孩子做出任何牺牲的也正是这个成人。他梦想着孩子的成功,希望看到他成为一个有权力的名人。但他马上又被一种权威和专横的冲动支配,从而把精力浪费在保护一件微不足道的东西上。事实上,如果一个仆人也像这个小孩那样端杯子,这位父亲只会淡淡一笑;如果一位客人打碎了这只杯子,他会立刻讲这只杯子不值钱,根本不把这件事放在心上。因此,儿童肯定会通过连续受挫注意到自己是唯一被认为对物

第8章 儿童的心理畸变

品产生危险以及不能碰物品的人。这种自卑感使儿童认为自己比那些物品还不值钱。

我们还必须考虑其他一些情况。如果儿童要发展他自己的心理生活，他不仅必须被允许接触各种东西并用来进行学习，而且必须用一种合理有序的方式去完成。这一切对儿童个性的发展极其重要。成人不再有意识地注意日常生活中行为的顺序，因为它已经成为他生活方式的一部分。当成人早晨起床时，他知道他必须做什么，并把它们看成世界上最正常的事情。他的动作几乎变成自动的，正如呼吸的声音或心脏的搏动一样，不再需要更多的注意。相反地，儿童在这个方面需要打好基础，但成人从来没有为有意识地去实行而制定一个计划。如果儿童正在游戏，成人认为到了散步的时间就会打断他，把儿童打扮一番带出去。或者，儿童正在从事一项游戏，例如把石块装到桶里，这时他母亲的一位朋友来访，于是他的游戏被中止，他被带去见这位客人。总之，在儿童的生活中，成人会不断地打扰儿童或突然闯进他的活动中去。这个强有力的人从来不跟儿童商量就安排他们的生活，这使儿童觉得自己的活动毫无意义。但是，哪怕当成人与一个仆人讲话，儿童也不会不说一声"如果你愿意的话"或"如果你可以的话"再打断成人。但这样做的结果是，儿童感

到自己不同于其他人，他是一个特别自卑的人，处在所有人之下。

正如我们所说，行为的先后顺序依赖于一个事先设想的内部计划，这对儿童的发展极为重要。总有一天，成人会对儿童解释他必须对自己的行为负责，但这种责任感有赖于他对各种行为之间联系的领悟和对它们的重要性的判断。然而，儿童只感到他的所有行为都不重要。一个父亲没有成功地培养儿子成为有责任感和自制力的人而自责，但他自己恰恰就是一步一步破坏儿童行为的连续性和自尊性的人。在这样的情况下，儿童内心有着一种秘密的想法，就是认为自己是低劣的和无能的。实际上，任何人在能够承担职责之前必须要对自己有信心，相信自己是行为的主人。

沮丧的根源是人认为自己不能做某些事情。如果一个瘫痪的人被要求与一个完全健康的人进行赛跑，他根本不会希望进行比赛。一个普通的人也不会愿意跟职业拳击手在拳击场上对抗。甚至在尝试这样做之前，一种无能为力的感觉已经使他丧失了勇气。由于成人不断地羞辱儿童，使他感到自己软弱无能，从而压制了努力去行动的欲望。但是，成人并不满足于仅仅阻止儿童的行动，他还不断地对儿童说："你不能做那件事，你没有必要去做。"如果这个成人是粗暴的，他甚至会说:"傻瓜,你在做什么?你难道不知道你不能做那件事吗?"成人的这种行为不仅阻碍了儿童的工作,打断了他行为的连续性,而且是对儿童个性的一种侮辱。这使儿童相信,不仅他的行为没有意义,他的个性也是无能的和笨拙的,这就导致了儿童的沮丧和自卑。如果一个更强有力的人阻止我们做想做的事,我们至少可以对自己说还有些人比我们差,我们可以重新开始。但是,如果一个成人使儿童相信他自身是无能的,那么一片乌云就会笼罩在他的心灵上,他就会陷入胆怯、冷漠和恐惧之中。当这种情况发生时,儿童就形成了一种内在障碍,被称为"自卑"。这种障碍可能作为一种无能的和自卑的感觉而在他心里存在下来,并阻止他参与社会生活。

这种自卑导致儿童产生胆怯、做决定时迟疑不定、面临困难或批评就退缩、遭受压抑时就流泪等表现,这些表现与儿童的痛苦心态又是形影相随的。

相反地,一个正常儿童的最显著特征之一就是他的自信和责任感。在罗马"儿童之家"里,那个小男孩告诉失望的参观者,虽然今天放假,但他们可以自己打开教室的门,甚至在教师不在场的情况下进行学习。这时,他表现出一种完美的和平衡的人格,这种人格并不是傲慢的,而是出于对自

己能力的了解。这个小男孩知道他在做什么以及完成各种活动的必需步骤,因为他有绝对的把握去这样做,并认为这很自然。同样地,另一个小男孩正在用活动字母拼写,当意大利王后站在面前要求他拼写"意大利万岁"时,他丝毫没有受干扰。尽管他听到了这句话,但他仍用正确的顺序把刚刚拼写的字母复原,他平静地玩着,似乎现场只有他一个人。虽然出于对王后的尊重,我们希望他暂时停下这项工作而去拼写王后说的那句话,但他无法放弃自己习惯的工作方式。在拼写新词之前,他必须把已经使用过的字母放回到原来的位置。当干完自己的工作后,他就拼出了"意大利万岁"。虽然这个小家伙只有四岁,但实际上他已能控制行为和情感,并对环境中可能发生的事情应付自如。

恐惧

恐惧是心理畸变的另一种形式,它被认为是童年时期的一个正常特点。当人们说到一个胆怯的儿童时,他们会注意到正是由于一些根深蒂固的心理紊乱而引起了他的恐惧,而几乎与环境没有直接关系。换句话说,恐惧就像羞怯一样被当作儿童个性的一部分。有些儿童是如此畏缩,他们似乎已经被一种恐惧的预感包围。然而,还有一些儿童表现出勇敢、富有活力和无所畏惧,但有时也会被神秘、难以解释和无法克服的恐惧支配。这些心理状态可以解释为过去得到的强烈印象的结果,例如,儿童很可能害怕过马路、害怕床底下有猫,或者害怕看到鸡。也就是说,这种状态很像精神病医生在成人中发现的那种病态。各种各样的恐惧在"依附于成人"的那些儿童身上特别容易发现。成人为了使儿童服从他,可能利用儿童的无知,用人为的恐惧恐吓他。这是成人用来对付儿童最坏的一种防御手段,因为他利用到处存在着的可怕形象加剧了儿童对黑暗的天生恐惧。

能使儿童接触现实并体验和理解环境的任何东西,都将有助于他摆脱这种紊乱的恐惧心态。在我们能使儿童正常化的学校中,最明显的一个成果就是这些潜意识的恐惧的消失。一位著名的西班牙作家曾写到他家庭中的情况。他有四个女儿,其中最小的女儿进了我们的一所学校。每当夜晚有雷雨时,她是四个女儿中唯一不害怕的人。她会带她的姐姐到父母的房间去,在那里她们能得到保护。对于经受一些吓人的恐惧折磨的姐姐来说,她的在场是真正的安慰。因此每当在黑暗中感到害怕时,她们就赶快跑到妹妹身边,以便克服焦虑的心情。

一种"恐惧的心态"不同于面临危险时出于自我保护的

本能所产生的一种正常的恐惧。这种正常的恐惧在儿童身上比在成人身上出现得少，不仅仅是因为儿童比成人缺少面临外界危险的经历，甚至可以说"恐惧的心态"是儿童面对危险时的一个普遍特点，而且比成人表现得更为明显。事实上，儿童常常会使自己面临危险，例如，街上的顽皮儿童会吊在正在行驶的汽车上，乡村儿童会爬到树上或沿着陡坡冲下来。他们常常会跳进海里或河里自学游泳，在无数挽救或试图挽救同伴的例子中，他们都表现出英雄行为。这里我将引用一个例子，美国加利福尼亚州一家医院的盲童病房着火了，尽管正常儿童生活在这幢大楼的另一边，但他们冲过去救援那些盲童。几乎每天我们都可以从报纸和杂志上读到一些有关英雄行为的事例。

可能有人会问，正常化是否有助于发展儿童身上经常出现的这种英雄主义倾向。在我们正常化的经验中没有英雄主义的事例，但儿童确实表现出某些崇高的愿望。我们的儿童在日常生活中形成了一种"谨慎"，使他们能避免危险，因而也能自由行动。例如，他们能使用桌上甚至厨房里的小刀，用火柴点火乃至点燃烟火，独自站在水池边，穿越城市马路，等等。总之，我们的儿童已经学会如何控制自己的行为，同时避免盲目的冲动。这使他们能过一种更崇高和更平静的生活。因此，正常化不是把儿童推入危险之中，而是获得一种谨慎。这种谨慎使他们能认识和消除危险，进而能生活在有危险的境地之中。

说谎

尽管心理畸变表现出个别特征，但它们就像一棵繁茂大树的分枝——虽朝四面八方伸展出去，但都来自同一个深层的根部，只有在那里，才能找到正常化的秘密。在心理学和现行的教育方法中，一个常见的错误是把这些心理畸变看作是互不相关、孤立的存在。

对于儿童来说，说谎是他的主要缺点之一。说谎就像一件隐蔽心灵的外套，甚至是全部服装，这样儿童就会有许多伪装。有各种各样的谎言，每一种说谎都有其意义。既有正常的谎言，也有病态的谎言。旧的精神病学分析了患有歇斯底里的人的强制性谎言，这种人的谎言遮盖了整个心灵，以致他们的言语完全由谎言组成。这种精神病学还注意到青少年在法庭上说谎，以及儿童被传唤作证时无意识说谎的可能性。由于儿童的"纯洁心灵"几乎被看成真理，因此当人们终于认识到原以为真实的东西却是虚假的时，引起了极大的骚动。这种现象引起了犯罪心理学家的注意，他们的研究表

明,实际上这种儿童曾试图讲真话,他们的谎言是由心理紊乱引起的,而他们的情绪进一步加剧了这种心理紊乱。

这种用虚假来代替真实的现象,不管是经常的还是偶尔出现的,都与儿童有意识用来自我防御的正常说谎截然不同。但是,还有其他与自我防御无关的说谎,也可以在日常生活和正常儿童身上发现。谎言可能起源于儿童企图描述某些幻想的东西,对其他人认为是真实的东西添油加醋,然而这种描述并不是为了个人利益说谎或为说谎而说谎,它可能采取一种真正的艺术形式,就像一个演员能使自己深入到角色中去一样。例如,有一个儿童曾告诉我,他的母亲给赴宴的一位客人喝她自己制作的蔬菜汁。这种维生素很多的饮料不仅有益健康,而且天然可口,这位客人说他以前从未尝过此类东西。他把故事讲得很有趣且非常详细,所以我请他的母亲教我制作这种饮料,但这位母亲却对我说她从来没有做过这一类饮料。这就是儿童通过想象而编造完整的谎言的一个例子,除了编造故事的乐趣外,他没有任何其他意图。

这些谎言不同于儿童因为懒惰和对发现真理不感兴趣而说的谎。然而,有时候一个谎言可能是巧妙推理的产物。我曾遇见一个六岁的小男孩,他被母亲临时送到一所寄宿学校。他的教师非常胜任教学工作,对这个特殊儿童非常上心。隔了一段时间后，这个小男孩开始对他母亲抱怨这位教师，说她太严厉了，在很多细小的方面防备他。于是，他母亲到校长那里去询问，她终于相信这位教师对她儿子是很慈爱的，并且经常表现出这种慈爱。当这位母亲当面问儿子为何要撒谎时，他回答说："他们在说谎，但我不能说这位校长是坏的。"这并不表明他缺乏指责校长的勇气，而是因为屈服于传统势力。在适应环境方面，儿童采用狡猾手段的事例还可以举出很多。

具有懦弱和畏缩特性的儿童往往是出于一时冲动而编造谎言。这种谎言没有经过仔细推敲，只是一种防御性反射。这种谎言未加修饰和临时编造，通常很容易识别。父母和教师跟这种谎言进行斗争，却忽视了它们说明的问题。很明显，它们是对成人攻击的一种防御性反抗。编造这种谎言的儿童由于懦弱、不知羞耻和不能按他们应有的方式做事而怕受到指责。人们很容易认识到，这样的说谎展现了一个无能的人。

说谎是在童年时期出现的一种心理现象，它在儿童的发展过程中存在并变得条理化；它在人类社会生活中作用重大，仿佛身上的衣服一样——必需、合适甚至美丽。在我们能使儿童正常化的学校中，儿童放弃了这种伪装，表现出自然和真诚。然而，说谎这种心理畸变并不能奇迹般地消失。它需

要改造，或者更确切地说，它需要转变思想的清晰、与现实的接触、人格的自由以及对崇高事物的兴趣，这一切构成有利于改造儿童心灵的环境。

但是，如果对社会生活进行分析，我们发现社会生活沉浸于一种虚伪习俗的气氛之中。如果企图纠正，它就会陷入混乱。事实上，许多已离开"儿童之家"进入高一级学校的儿童一直被认为是不礼貌的和不服从的，就是因为他们比其他儿童更真诚，还没有学会去做必需的适应。但他们的教师不承认这个事实。和社会生活一样，普通学校的教育有许多不真诚的地方。这些教师尚未见过真诚，反倒把真诚当作破坏作为教育基础的道德发展的一个因素。

心理分析家对人类心理史的最杰出的贡献之一就是对潜意识的隐瞒做了解释。成人的伪装形式而不是儿童式的虚构编织成了人类生活的极妙的外衣。它们就像动物的毛皮或羽毛，遮盖、装饰和保护着隐藏在下面的那个正在活动的和维持生活所必需的器官。隐瞒，即隐藏自己真正的感情，是一个人为了生活而构筑起来的一种谎言。更确切地说，这是他为了生存于一个与他纯洁自然的情感发生冲突的世界之中。由于不可能在不断爆发冲突的状态下生活，心灵就必须使自己去适应环境。

一种最显著的隐瞒就是成人对待儿童的虚伪态度。成人为了自己而牺牲儿童的需要，但他拒绝承认这一点，因为这无法忍受。他使自己相信，他正在行使一种天赋的权力，正在为儿童的未来利益而行动。当儿童保护自己时，成人并没意识到真正发生了什么事情，而把儿童所做的一切都称为不服从或者是罪恶的倾向。成人自身的真理和正义的声音越来越衰弱，并被一种看似高明、合理和永恒的虚假形式所替代，即他正在根据自己的责任、权利、权力和智慧行动。"心变得冷酷了。它冷若冰霜，像水晶一样只会偶尔闪烁一下。所有的一切都被它打碎。……我的心变成了石块。我敲击它，连我的手都受了伤。"但丁在他的《神曲》地狱篇中运用冰的形象做了极妙的比喻，所有的爱都被扑灭，只有仇恨在那里找到了庇护所。爱和恨是心灵的两种不同状态，就像水的液态和固态一样。隐瞒一个人的真实情感是一种精神谎言，有助于使他适应有组织的社会的不正常状态，但是，它也渐渐地从爱转变为恨。

这是隐藏在潜意识最深处的可怕的谎言。

心理畸变对身体的影响

伴随心理的畸变会产生各种各样的特征，有些特征看起

来不相关，但它们影响了人身体功能的发挥。应该感谢心理分析学家，他们的许多研究证实，许多身体的失调都出于心理原因。甚至某些似乎主要与身体密切相关的缺陷，其最终根源也都在于心理问题。其中有一些缺陷，例如消化不良，在儿童中间特别普遍。强壮活泼的儿童容易表现出一种贪婪的食欲，并且很难通过训练或忌食来加以纠正。这些儿童吃的东西超过他们需要的量，哪怕会因此生病需要看医生，但他们无法满足的食欲仍然很容易被当作是一种"良好的食欲"。

　　从古代起，渴望得到比身体所需更多的食物被看作是道德上的一种恶习。这种做法没有好处，更确切地说是有害处，它似乎表现出一种对食物的正常敏感性的退化。这种敏感性不仅可以促进一个人的食欲，也决定他的食量。这种敏感性是所有动物的特征。它们的健康由占主导地位的本能决定。事实上，这种本能有两个方面：一方面涉及环境，本能指导它在环境中规避危险；另一方面涉及自身，本能指导它摄食。野兽的主导本能不仅引导它们吃应吃的东西，也决定什么东西对它们是有益的。确实，这是所有动物物种最显著的特征之一。无论吃得很多，还是只吃一点点，在自然状态中的每个动物的本能都会告诉它应该摄入的食量。

第 8 章 儿童的心理畸变

只有人才染有贪食的恶习，贪食不仅使他吃的量多于应吃的量，而且还吃实际上有害的东西。因此我们可以说，一旦出现了心理畸变的征兆，人也就失去了保护自己、确保自己健康的敏感性。我们可以在"不正常"儿童身上找到这种证据，他们很快就会表现出在饮食上缺乏平衡。这些儿童一看到食物就被吸引住了，他们仅仅由外在的味觉来欢迎见到的食物，而有自我保护作用的主导本能这一与生命有关的内部力量却被削弱了或消失了。在我们能使儿童正常化的学校中，最惊人的一个现象就是儿童消除了心理畸变，回到正常状态，因而儿童对食物也就失去了原来贪婪的欲望。他们感兴趣的是每一种行为的正确表现，因此他们能用合乎规范的姿势正确地吃东西。在"儿童之家"开办初期，当人们谈论儿童的一些变化时，这种极重要的敏感性的恢复让人们又惊讶又怀疑。我们详细描述了儿童生活的某些场面，以便使人们相信这种现象的确是真实的。到了吃饭的时候，年幼的儿童把时间全花在正确地铺餐布上，他们看着那些餐具，尽力回想手势和使用餐具的每一个细节，或者帮助一个更年幼的伙伴。有时候，他们对这些事情是那么细致，以致放在他们面前的美味食物早凉了。有些儿童显得悲伤，那是因为他们一直希望能被选中去帮助端菜，结果却发现自己仅仅被安排

一项最容易的工作——吃饭。

从相反的事实上也可以找到心理因素和食物之间关系的证据。那些谦让的儿童对食物表现出奇怪和无法克服的厌恶感。许多人发现，喂某些儿童吃饭非常困难。他们拒绝吃任何东西，有时是如此坚决，以致给家庭或寄宿学校造成了真正的困难。这种现象在为贫困弱小的儿童开设的一些教育机构中特别突出，人们期望这些儿童在愿意吃的时候就吃个饱。这种做法会造成一个令人担心的后果，那就是会使儿童的身体处于一种抵制所有药物治疗的状态。但是，我们一定不要把对食物的拒绝与导致儿童没胃口的身体失调混淆起来。相反，儿童拒绝吃东西是由于一些心理原因造成的。在某些情况下，可能是由于一种防御性冲动使儿童拒绝吃东西，或者可能是由于成人用自己的节奏强迫儿童吃得快一点，一些儿童有他自己特殊的进食节奏，拒绝接受成人的节奏。这个事实现在已被一些儿童专家所承认。他们发现，儿童并不是把他们所需要的东西立即吃完，而会在相当长的一段时间里停下来不吃东西。我们可以在断奶之前的婴儿身上看到同样的情况。在喂奶过程中，他们会停止吮奶，这并不是因为他已吃饱而仅仅是为了休息一下，然后再回来用一种缓慢间歇的节奏吮奶。所以，我们能意识到一种防御性冲动，它像一种屏障一样，儿童设置这种屏障是为了反对成人强迫他用与自己的自然倾向相对立的方式进食。然而，在有些事例中，必须排除这种特殊类型的防御。有的儿童几乎是由于体质的原因而缺乏食欲的，他脸色十分苍白，缺乏户外活动、阳光的沐浴和海边的空气，也许这一切能使他恢复健康。然而，根据进一步的观察我们发现，在这种儿童身边有一些他极端依附的成人，这些成人完全支配了他。只有一种方式可以治愈这种儿童，那就是让抑制他的这些人走开，并提供一个使他在心理上自由和主动的环境。只有这样，他才能摆脱使他精神扭曲的依附。

我们可以注意到，在心理生活和生理现象之间的关系总是比较明显的，尽管某些生理现象，例如摄食，似乎与心理无关。在《旧约全书》中，我们读到以扫（Esau）[1]由于贪食而把长子的名分让给了他的孪生兄弟，愚蠢地违背了他自己的最大利益。贪食确实应该被列入"玷污心灵"的那些恶习中去。有趣的是，托马斯·阿奎那（Thomas Aquinas）[2]正确地指出了贪食和理智之间的关系。他坚持认为，贪食会使一个人

---

1 以扫，《圣经》中的一个人物。
2 托马斯·阿奎那（1226—1274），中世纪神学家。

的判断力迟钝,最终将减弱人对可理解的现实的认识。然而在儿童身上我们会发现完全相反的过程,那就是,心理紊乱引起了贪食。

基督教把这种恶习与精神失调联系起来,并列入七大罪恶之中。它会导致心灵的死亡,换句话说,它违背了神秘的自然规律。同时,它也完全违背了现代的科学观点。心理分析学家已经间接地支持了我们有关削弱主导本能和保护敏感性的理论,但是心理分析给予了不同的解释而称之为"死亡本能"。它认为,人有一种自然倾向,会帮助死亡自然降临,甚至加速趋向死亡。人很可能变得绝望,使自己依赖于诸如酒精、鸦片和可卡因等毒品。他不再依恋和拯救生命,而是趋向死亡,希望自己死亡。所有这一切是不是明确表明有利于保护个人的、充满活力的内在敏感性的消失呢?如果这种倾向与死亡的不可避免是相连的,那么,它应该在所有生物身上存在。但是,由于我们并不能在所有生物身上找到答案,我们应该说,每一种心理畸变会唆使人走上死亡之路,并使他在生活中失去希望。这种可怕倾向的一种微弱、几乎不可察觉的形态可以在幼年时期看到。

所有疾病都会有一种心理的因素,因为人的心理生活和生理现象是紧密相连的。但是,摄食的不正常为各种疾病敞开了大门。有时候一个人可能仅仅外表看来有病，实际上只是想象出来的病，而不是实际上有病，其根源是心理原因。心理分析学家为我们理解这些病态做出了贡献，并指出这种病与器质性神经症联系在一起。器质性神经症并不是假装出来的疾病，而是表现出一些真正的症状，例如体温升高和身体功能紊乱，这些症状有时显得很严重。然而这样的病并不是由于身体故障，而是由于潜意识的心理紊乱，这种紊乱成功地支配了生理规律。借助这种病，自我可以摆脱不愉快的处境或责任。这种病抵制一切治疗，只有当这个自我摆脱了他应该离开的境地时，它才会消失。

当儿童被安置在一个使他们返回正常生活和活动的自由环境时，像许多道德缺陷一样，许多疾病和病态才会消失。今天，许多儿童专家把我们的学校看作是"健康之家"。他们把患有功能性疾病和抵制常规治疗的儿童送来，由此获得了惊人的治疗效果。

叁 儿童与社会

第9章

人的工作

儿童与成人的冲突

儿童与成人之间冲突的后果几乎无限地扩展到人的生活之中,就像一块石子扔进平静湖面引起的水波一样,在以圆圈的形式向四面八方扩散时产生了一些摆动。

对水的涟漪的观察会使人们追溯到生理和心理疾病的起因,医学和心理分析对此已有发现。心理分析学家在探究心理疾病的根源时肯定要经历漫长的旅程,就像寻找尼罗河源头的那些探险家一样,必须长途跋涉,越过一些大瀑布,才能到达大河的平静源头。试图探索人的心灵弱点和失败原因的科学家也必须越过直接原因,跨过已知和可以理解的原因,才能抵达源头的平静湖泊,那就是儿童的身体和心灵。

第9章 人的工作

但是，如果我们希望沿着相反的方向旅行，如果对从原始社会起笔的新人类史感兴趣，我们也可以从童年早期的平静湖泊开始，沿着奔流不息的生命之河进行探索。河水从泉眼涌出，从高山流下，在困难行程中弯弯曲曲地穿过障碍、飞下深渊，除了偶尔停顿下来使水流不致更汹涌之外，它是完全无约束的。

如果最折磨成人的身体、心理和神经的疾病实际上可以追溯到童年时期的话，那么，我们就可以在儿童的生活中发现它们最初的征兆，以及一步一步成为疾病的原因。此外，我们要考虑到另一个事实，那就是，每一种明显的重大疾病都源于无数症状较轻的疾病。疾病被治愈的人多于死于疾病的人。如果疾病标志着一个人抵抗病害肆虐能力的丧失，那么，对一种疾病的分析就可以预防同一类型的疾病。

反常的情况会使人丧失身体或心理健康，就如天气的变化会引起波涛的起伏一样。我们检查水能否饮用时，只要提取一小部分样品就行了。如果它被污染了，我们就可以断言，其他的水也被污染了。有点类似的是，当我们看到大量的人死于疾病或陷于精神错乱时，我们必须说，整个人类正遭受某种折磨。

这并不是一种新思想。在摩西时代人们就已经知道，第

一个人有了罪,他的罪便毁坏了全人类。对那些并不理解它真正性质的人来说,原罪似乎是不公平的、不合理的,因为这意味着对他所有子孙定罪。然而我们可以亲眼看一个类似的事情:天真的儿童承受着人类发展所犯错误的不幸后果。这些错误的根源可以在人类生活的冲突中找到,而人们从未研究过这种冲突的巨大后果。虽然我们希望儿童和成人友好地生活在一起,但他们却常常处于冲突之中,因为他们不能相互理解,因而破坏了他们生活的基础。这是个难解之谜。

儿童和成人的冲突产生了许多不同的问题,其中一些显而易见与他们的关系有关。成人有一个复杂和强烈的使命要完成,而且非此不可。要成人终止自己的工作而去适应儿童的节奏和精神视野,这对他来讲已变得更为困难。另一些问题是,日益复杂紧张的成人环境越来越与儿童不协调。我们可以设想一种简朴平静的自然生活,儿童在那里可以找到一个自然的庇护所。儿童看到成人以缓慢的节奏从事简单的工作,周围是家畜和可以随意触摸的其他东西。他可以做自己的工作,而不必害怕遭到反对。一旦感到疲倦,他就躺在树荫下睡着了。

但是,文明慢慢地把自然环境从儿童那里收了回去。所有一切都控制太严,范围太窄,障碍太多,节奏太快。不仅快节奏的成人生活是儿童的障碍,而且机器的出现像旋风一样刮走了儿童的庇护所。于是,儿童不能主动地生活。对儿童的照料主要是防止他在外部世界遭到危险,这种危险正在他周围增加。现在,儿童就像一个避难者,孤立无助并受到奴役。没有人想为他的生活创设一个适宜的环境,也没有人考虑他的工作和活动的需要。

两种本能

主导本能

我们发现,自然界也存在两种生命形式:一种是成熟,另一种是未成熟。这两种形式截然不同,甚至相互对立。成人的生活以斗争为特征。这种斗争可能如拉马克(J. B. Lamark)[1]所述,起源于对环境的适应,或者如达尔文(C. R. Darwin)[2]所说,可能起源于竞争和自然选择。后一种斗争不仅保证了物种的生存,而且通过性别的竞争达到自然选择。

---

1 拉马克(1744—1829),法国博物学家。
2 达尔文(1809—1882),英国博物学家,进化论的奠基人。

人在社会生活中所发生的事完全可以与成年动物做一比较。人必须持续努力以保存生命，使自己免遭敌人的侵害；为了使自己适应环境，也会进行斗争和劳动，还会激起爱。在这样的斗争和竞争中，达尔文看到了进化，即生物的逐渐完善和适者生存的作用。唯物主义历史学家以同样的方式把人的进化归于人之间的斗争和竞争。

在阐述人类史的时候，我们唯一掌握的材料是成人的各种活动。但是，在自然界中并非如此。理解生命展露奇迹的真正关键是年幼和发展中的生物。所有生物最初都太幼弱，不能去斗争和竞争，它们在具有任何适应的器官之前就已经存在了。没有一种生物是以成熟的形式开始其生命的。

因此，在生物的内部肯定存在另一种形式、资源和动力，它们不同于成熟的个体和环境相互作用时所呈现的东西。对发展中生物的研究是极其重要的，因为在它们身上可以发现生命的真正关键。成熟个体的经验仅仅解释了生物的一些偶然事件。

生物学家对生物的初期生活进行研究，使自然界最奇异和复杂的部分清楚地呈现出来。它们已经表明，所有生物充满着令人惊叹的奇迹和令人崇敬的潜能。总之，整个自然界充满诗意。在这个方面，生物学已经指出物种如何通过受内在指导的冲动来保存自己。这些内在指导也许可以被称为"主导本能",以区别生物对环境的一种直接的本能性反应。

从生物学角度来讲,所有本能可以依据其目的划分为两个基本种类,即它们是为了个体还是物种的保存。这两种情况都可以在短暂或持久的反应中发现。例如,个体和环境之间短暂的冲突;同时,也存在着维持个体生命必不可少的其他固定的和指导性的本能。例如,与个体生命保存相适应的本能之一就是防御,它引起了对任何敌对的或威胁性的东西的对抗。在与物种保存相适应的本能中,有一种短暂的反应,它导致性别的联合或冲突。由于这些短暂的反应更激烈和更明显,因此生物学家首先对它们进行了观察和研究。但是,后来人们更多地注意到与个体和物种的保存有关的本能,它们具有更持久的特征。这些本能被称为"主导本能",它们与生命本身具有的无数功能有着密切的关系。这样的本能并不像灵巧的内在敏感性那样对环境有那么多的反应,正如纯粹的思维是心理的一种内在特性。我们可以继续把它们看作是在生物内部起作用的推理性思维,导致对外部世界的行动以实现它的总神圣的计划。所以,这些主导本能并没有短暂冲突的冲动特征,而是以知识和智慧为特征,引导生物航行在时间的大海(个体)中,并穿越永恒(物种)。

这些主导本能特别令人惊讶，因为它们为生命初创期的婴儿提供了直接的指导和保护。这时婴儿还很不成熟，但已踏上了充分发展的旅程。在这样一个阶段，婴儿还不具备这个物种的特征，没有力量，没有耐力，没有生物的竞争武器，甚至也没有取得最终胜利以获得生存的希望。在这里，主导本能作为一种母性方式和教育方式而行动，这两种方式被隐藏起来，就像从一无所有中创造的秘密一样。它们保护了既没有拯救力量、也没有拯救办法的孤弱生命。

其中，有一种主导本能与母性有关。法布尔和其他生物学家把这看作是物种生存的关键。另一种主导本能与个体的生长有关，荷兰生物学家德佛里斯在他对敏感期的研究中有过描述。

母性本能并不仅仅局限于女性，虽然她们是生育者，在保护年幼者方面起了最大的作用。这种本能在父母双方都可以找到，有时它常常充满整个群体。对这种母性本能的更深入的研究揭示，它被看作是一种神秘的能量，并不必然与现存的个体相联系，而是为物种的保存而存在的。

因此，"母性本能"是与物种保存有关的主导本能的一般术语。母性本能具有所有生物具备的某些特征。为了保全物种的存在，成人可以暂时放弃自己应有的本能，一头凶猛的

第 9 章 人的工作

动物可能表现出非一般的温柔和耐心。一只为了寻食或避险而远飞的鸟会密切注视自己的巢，并寻找其他避险的方法，但绝不会采取迁徙的方法。物种的一些固有本能会突然改变它们的特点。许多物种会为建造一个庇护的场所而工作。在其他时间这种倾向在它们身上是找不到的，因为一旦长大，它们就会按自己发现的那样去适应自然。保护物种的新的本能致使它们进行建造活动，目的在于为后代准备一个隐蔽所。每一个生物都服从于一种专门的指导。没有一种生物是把它最初遇到的材料胡乱地聚集起来的，或者仅仅使自己适应于一种构建的方式。在这方面，母性本能所给予的指导是明确的和精确的。

各种不同的鸟造巢的建造方式具有不同特点。一些昆虫是令人不可思议的建造者，例如，蜂房是名副其实的王宫，它被建造在精确的几何线上。整个蜂群共同劳动，为下一代建造了这个家。我们还可以注意到其他虽然并不很壮观然而极其有趣的勤劳的例子，比如蜘蛛为防御敌人织出了巨大的网。但是，它突然发现忽视了敌人和自己的需要，于是又开始进行一项新的工作。它用丝密集地编织成一只精致的小袋，这个小袋防水，通常由两层组成，以抵御栖息地的寒冷和潮湿。蜘蛛在这个小袋中产下卵，而且它竟会如此强烈地依恋

这个小袋,以致当看到小袋破损或毁坏就会悲哀地死去。事实上,它紧紧地依附着小袋,仿佛成为它自身的一部分。因此它的爱集中在这个小袋上,而不是在卵上,也不是在那个最终要从卵中孵出来的小蜘蛛上。她似乎没有注意到小蜘蛛的存在。本能指导这位母亲在并没有直接对象的情况下,为这个物种去工作。因此存在一种没有对象的本能,它不可阻挡地活动着,使得生物服从内在命令,去做那些必须要做的事,去爱那些应得到爱的东西。

蝴蝶在整个生命期间以花蜜为食,并不需要任何其他的引诱物或食物。但是,在产卵的时候,它们从不把卵产在花上。它们受到另一种本能的指引。这种寻找食物的本能是与个体变化相适应的,导致个体去寻找另一个环境,而这个环境得适合一个需要食物的新物种。这些蝴蝶没有意识到这样的食物,正如它们从不知道自己就是从幼虫孵化出来的。这样,昆虫自身就携带了自然的命令,这种命令与它们自身并不相干,但对这个物种是有益的。瓢虫和类似的昆虫从来也不把它们的卵产在叶子的顶端,而是在叶子较低的部位,以便以叶子为食的幼虫在那里得到保护。在大量不以植物为食的昆虫中,我们可以发现一种类似"智力思考"的现象。它们具有一种"理论知识",知道什么东西是对后代更适宜的营养，甚至能预见可能来自下雨和太阳的危险。

负有保存物种使命的生物改变自身的特点，进行自我改造，似乎支配它的规律在一段时间里被搁置了起来，对某个伟大的自然事件即创造的奇迹处于一种期待的状态。然后，它超越寻常的活动，可以说是奇迹面前的一种典礼。

事实上自然界最辉煌的奇迹之一是，尽管新生儿完全缺乏经验，但他们具有的力量能使他们适应外部世界，并防止外部世界的伤害。借助敏感期短暂和部分的本能的帮助，他们能够做到这一点。这种本能确实真正引导他们克服接连不断的困难，以不可阻挡的力量不断激发他们。自然界并没有给成人如同新生儿那样的保护，它有自己的规律，并严密地注视着这些规律是否得到遵循。成人必须在保护物种的主导本能所规定的限度内进行合作。正如我们在鱼和昆虫身上所看到的，成熟生物和新生物不同的主导本能以明显不同的独立方式在起作用，因此父母和后代之间不同形式的主导本能几乎无关。在较高等的动物中，这两种本能渐渐地协调一致地工作。母性的主导本能和她后代的敏感期是一致的，这使得母亲和儿童之间产生了爱，或者形成了一种母性关系，这种关系还扩展到整个有组织的群体，由群体承担对新一代的照料。我们发现，这种情况出现在如蜜蜂、蚂蚁等群体生活

的昆虫身上。

物种并不是靠爱和牺牲而得到保护的，相反，这是因为主导本能在起作用。主导本能源于生命的伟大和创造性实验之中，决定所有物种的生存。生物在照料后代时怀有情感，这使他们更容易完成自然施加的任务，而且也能在完全服从自然的命令时感受到特殊的乐趣。

如果我们希望迅速了解整个成人世界，可以说，支配这个世界的规律会周期性出现遭到破坏的情况。所以，似乎显得绝对和不可变更的自然规律被搁置了起来。这些神圣的规律停止了，仿佛让位给一些更高的东西。它们服从一些与它们相抵触的因素，也就是说，它们仍怀疑在物种的幼年生活中出现的一些更新的规律，由此通过不断搁置和更新自然规律，生命得以永恒地维持下去。

现在，我们可能要问，人是如何适应这些自然规律的呢？人是一种最高的综合体，他包含了较低等生物的所有自然现象。人集中体现并超越它们，更重要的是，人通过特有的智慧使它们增加了由想象力和情感组成的心理的灿烂光辉。

然而，生命的两种形式是如何表现在儿童和成人之中的呢？它们是在哪些令人崇敬的方面展现自己？实际上，这两种生命形式并不是显而易见的。如果我们要在人类世界中寻找它们，我们必须说，只有一个成人的世界，其主要特点是斗争、努力去适应和为征服外部环境而工作。人类世界的活动全部集中于征服和生产上，似乎不存在其他重要的东西。人类的努力在竞争中抵消和削弱了。如果成人去看儿童的生活，他会以自己对待生活的同样逻辑来看待儿童的生活。他把儿童看作是一个不同的、无用的人，并远远地避开他。或者，在称之为"教育"的方面，他试图尽早地直接把儿童引入自己生活方式的轨道之中。他会像蝴蝶那样弄破幼虫的茧，命令它飞；或者会像青蛙那样，把蝌蚪拉出水域，尽力要它在陆地上呼吸，并把它难看的黑皮肤变成绿色。

人或多或少就是用这种方式来对待儿童的。成人向儿童展示自己的完美和成熟，以及自己的历史榜样，并期望儿童模仿他们。但他们没有认识到，儿童的不同特点需要不同的环境以及适合另一种生存方式的生活手段。

人是高度进化的生物，是物质世界中最高的生命形式，被赋予较高的智慧，是环境的主人，拥有充分的力量，在工作能力上其他生物无法与之相比。但是，在有关人的问题上却存在一种巨大的误解。

然而，人作为他环境的建筑师、建设者、生产者和变革者，为他孩子所做的事比蜜蜂和其他昆虫为后代所做的要少

得多。难道人身上缺乏保存生命这种最高级、最基本的主导本能吗？在物种生存依靠宇宙生活这令人震惊的现象面前，人真的不能自助和视而不见吗？

人应该具有与其他生物同样的感觉，因为在自然界中所有东西都是被改变而不是被毁坏的。尤其是支配宇宙的那种能量是不会被毁灭的，即使它们偏离了自己的对象，但仍然会保存下来。

人是一个建设者，但他在何处为他的孩子建造一个适宜的场所呢？儿童应该生活在一个美丽的地方。在那里，人表达他最崇高的艺术形式，且并不由任何外部需要决定。在那里，大量爱的冲动能积聚起来，而且并非用于生产物质财富。是否有这样一个地方，在那里人感到需要抛弃通常的行为模式，意识到斗争并不是生活的主要事情，终于认识到挫败他人并不是生存的秘诀和生活的要务。难道自我克制是生活的真正方式吗？难道不存在这样一个地方，在那里心灵渴望砸碎镣铐，与外部世界紧密联系起来吗？难道不存在追求新生活奇迹的急切渴望吗？同样，难道不存在对超越个体生命并达到永恒的追求吗？拯救之路是这样的：只有当人认识到必须放弃自己矫揉造作的想法时，他才会真正相信。因为当他的孩子诞生时，人是会产生这种情感的。就像其他的生物一样，人应该放弃自己的行为方式，使自己成为祭品，这样生命才能达到永恒。是的，在这样的地方，人不再感到需要征服，而需要净化和纯洁，因此他渴望单纯和平静。在那种纯化的平静中，人寻求生命的更新，正如寻求从人世的重负中复活。

确实，人必须要有超越日常生活的伟大抱负。一种使人振奋的神圣声音大声召唤我们：要聚集在儿童的周围。

工作本能

在真正的儿童个性得到展现之前，支配儿童心理生活的那些规律绝对是未知的。但是现在，这种与人的形成直接相关的"敏感期"研究也许会成为对人类最具实际价值的科学之一。

生长和发展的基础在于不断使儿童和他的环境之间的关系变得密切。那是因为除非儿童个性，或者说儿童"自由"的发展不受成人支配，否则是不能实现的。在一种适宜的环境中，儿童可以找到发展他功能所必需的工具。显而易见，在儿童断奶时可以找到相似的现象，成人为他们准备了包括谷类、果汁和蔬菜在内的食物来替代母乳。他们不再从自己的母亲那里吮吸乳汁，而是从外部环境中摄取食物。

谈论儿童在教育中的自由，却没有同时提供使他独立的

环境，这是错误和荒谬的。然而，准备这种环境是教育科学的一部分，就像喂养儿童是保健科学的一部分一样，现在，环境的准备被看作是一种新教育的基础，其基本原则已由儿童十分清楚地绘制出来并付诸实践。

儿童通过工作使自己恢复到正常状态，这是儿童个性的一个最重要的展现。对各民族的儿童所做的无数实验表明，这种现象是在心理学和教育领域被证实的最确切的资料。无疑儿童工作（学习）的愿望体现了一种生气勃勃的本能，因为没有工作他就不可能形成他的个性，就会违背他正常发展的方式。人正是通过工作来塑造自己的。没有任何东西能替代工作，无论是人类的关爱还是身体的健康，也都不能替代它。与此同时，如果这种工作本能走了歧路，那么无论用他人作为榜样还是用惩罚的手段都不能治愈它。人是通过手的劳动来发展自身的，在劳动中，他把手作为自我的工具，用来表达个人的智慧和意志。这一切有助于他去支配他的环境。儿童的工作本能表明，工作是人的本性，是人类所特有的本能。

工作应该是使人得到充分满足的一个源泉，是儿童健康和新生的一条原则，然而，为什么成人不把工作看作是儿童成长过程中必要的一种方法呢？这也许是因为在人类社会中

第9章 人的工作

工作依赖于错误的基础。那种固有的工作本能作为一种退化了的特征仍然隐藏在人的身上：他已经被占有欲、权力欲、冷漠和依附引入了歧途。在这种情况下，工作只依赖于外界的环境或误入歧途的人之间的斗争。由此，它成为强制性的劳动，反过来又筑起了很多心理障碍。这就是为什么工作会变得艰辛繁重和令人厌恶。

但当环境有利时，工作自然就成为了一种内在冲动的结果，甚至在成人身上，它也表现出完全不同的特征。在这种情况下，工作变得富有魅力和不可抗拒，并使人远离心理畸变的歧途。在发明家的研究、探险家的发现和艺术家的绘画中，我们可以发现这种例子，也就是说，当人在进行这种斗争时，会变得具有非凡的力量，并能用自己的个性方式再现天赋本能。这种本能像从地球中喷射出来的一股强有力的激流，使人类得到更新。它是文明真正进步的源泉，因为人具有一种天赋的工作本能，而人类的社会环境就是建立在这个基础之上的。工作无疑是人的显著特征，文明的进步与人类创造更舒适的生活环境的多种能力直接相关。

在具有创造性的环境中，人开拓了一条自然的生活道路。然而，他们所创造的这个新环境实际上还不能称作人为的环境。由于它超越而不是替代自然，也许最好把它描述成超自

然的境界。人越来越习惯于这种境界,以致它成为人的必要因素。

在文明史和自然史中,可以注意到一个缓慢的进化过程,它导致了某个新物种的产生。这种例子可以通过两栖类动物从海里出生到陆上生活的进程中发现。与此有些类似的是,人始于一种自然的生活,并渐渐为自己创造了一种超自然的环境,以便最后达到一种独自的生活。今天,人已不再依赖自然而生活,而是充分利用自然界可见和不可见的力量而生活。这种力量既明显,又隐藏在宇宙能量的秘密之中。

人不仅仅是从一种生气勃勃的环境进入到另一种环境。他为自己构筑新的环境,并且如此依赖它,以致不能离开这个奇异的创造物而独自生活。因此,他生活在一种人工的环境中。自然并没有像对待其他生物那样来帮助人类。鸟可以找到现成的食物和筑巢的材料,但人必须从他人那里获得所需的东西。因此我们都相互依赖,每个人都通过自己的劳动对所有人生活其中的超自然环境做出贡献。

虽然人因为自己的需要而依赖他人,但是,他至少是自己生活的主人,能够如其所愿地指导生活。他并不直接受到自然变迁的影响,他与自然相分离,结果完全要依赖人的变化。正因为这一点,如果他周围的那些人的人格遭到扭曲,那么他的整个生活就处于危险之中。

证实儿童具有工作本能,以及自然与基于儿童个性的工作之间存在密切关系和相互影响,那是有趣的。

充分的事实证明,人具有一种天赋的工作本能。自然敦促他依靠自己建造某些东西来表现自己的存在,并进而表现创造这些东西的目的。确实,如果认为人不能分享宇宙的和谐,那是不合逻辑的,因为所有生物都根据其活动本能对宇宙做出贡献:通过波浪不停地冲蚀海岸,珊瑚构成了岛屿和陆地;昆虫采集花粉,使植物得以繁殖;蜜蜂产出蜂蜜和蜂蜡,蚕会吐丝,等等。

生物的使命如此广泛和必要,因为地球通过生物的工作而得以保存。生物就像大气层一样包围着地球。确实如此,覆盖地球的生物今日已被看作生物圈。生物不仅保护其自身的存在,为物种的保存提供条件,而且也成了地球必要的组成部分。

事实上,动物产生的东西多于它们自身生活所需要的东西,远远超过保存自身的直接需要,结果会造成一种剩余。它们是宇宙的工作者和自然规律的遵循者。从总体上来看,人作为优秀的工作者,也必须遵循这些外界规律。人为自己构筑了一种"超自然"环境,由于他的产品丰富,这种环境

明显超越了简单的生存问题,而适应于一种宇宙秩序。

人如此完美的工作不应该是由他的个体需要而激起的,而是根据他的工作本能的神秘设计而进行的。因为儿童自然成长为成人,所以他的发展必须与自己的主导本能紧密联系起来。

两种不同的工作

由于存在两种不同的生活方式——儿童的生活方式和成人的生活方式,因此我们必须认识到,存在两种不同的社会问题和工作。同时也必须认识到,这两种不同的社会问题都值得我们去思考,这两种不同的工作都是人类社会生活所必需的。

成人的工作

成人的任务是构筑一个超自然的环境。他必须用活动和智慧努力进行体力工作,我们称之为"生产劳动"。通常这种劳动是社会性的、共同的和有组织的。人在社会中工作肯定有既定目的,但也必须遵循有组织的社会规范。为了达到共同的目的,人们自愿遵循这些规范。因为他们认识到,这样的规范是有秩序的和有成效的社会生活所必需的。但是，除了那些社会生活所需要的规律和作为世代相传的文化源泉的规律外，还有其他的规律，它们隶属于人的自然本性。这种基本规律对所有人和所有时代来讲都是共同的。在所有生物中都可以发现的规律之一，就是劳动分工。在人类中间它是必不可少的，因为人类生产不一样的东西。与个人工作者有关的还有另一条自然规律，那就是劳动效益的规律。遵循这条规律，人类总是试图获取最大的生产效率而付出最少的精力。这是一条最重要的规律，与其说它表达了尽可能少干活的愿望，还不如说人们希望能以最少的努力生产同样多的东西。这条规律也适用于替代人劳动的机器。

所有这些社会与自然规律都是有效的，但它们并不能普遍适用，由于人能支配的物质资源和生产的财富有限，伴随着变富有的愿望就产生了竞争。在野兽那里也可以发现这点，它们为生存而进行的搏斗随之而来。

除了这些自然的冲突之外，还会有由个人心理畸变导致的其他冲突。于是，剥削他人的劳动取代了劳动的自然分工。劳动效益的规律致使有的人强迫其他人劳动，并说："让他们去劳动，我可以从他们的劳动中得到好处。"因此在维护财产权的伪装下，这样的说法使得剥削他人的劳动成为一种原则

而确立了起来。

儿童本质上是生活在成人之中的自然人,但成人很少考虑到他的存在。他与成人的社会活动毫不相关,他的活动也与社会生产毫无关联。我们必须相信这个事实:儿童不可能参与成人的社会劳动。如果把体力劳动描绘成铁匠用沉重的锤子敲打铁砧,那儿童显然不能从事这种劳动。如果把脑力劳动描绘成科学家在一项困难的研究项目中使用精密的仪器,那儿童显然也不能在这方面做出任何贡献。也许由此我们可以想到一个立法者正在制定最好的法律,那就是,儿童从来没有也不可能替代成人。

因此,儿童与成人社会基本上是不相干的。对于成人在自然之上建立的那个人为世界来说,儿童是一个陌生人。在儿童诞生的那个社会中,他是一个超社会的人,不能使自己适应社会。他既不能参与社会劳动,也不能参与社会组织,甚至可以说,他是这种既定秩序的破坏者。儿童是一个不合群的人,因为他一直打扰成人,在家里他是混乱的根源。儿童天生好动,使他不适应成人环境,但他生来就不会放弃这种特性。

于是,成人拼命压抑儿童。成人教导儿童不要干扰或烦他们,直到儿童被驯服为止。就像一些违反社会法律的成人被关进监狱一样,儿童也被送往托儿所和学校。成人驱逐儿童到流放地去,直到他能在成人世界中平静地生活。只有到那时,儿童才可能被社会接纳。但是,他首先必须像一个被剥夺了公民权的犯人一样服从成人。对成人社会来说,儿童甚至是一件没有价值的东西。所以最重要的是,成人是儿童的主人和君主,儿童必须永远无条件地服从成人的命令。

儿童一无所有地来到他的家庭。对儿童来说,成人像上帝一样伟大和强有力,儿童必须从他那里获得生活的必需品。成人是儿童的创造者、统治者、监护者和惩罚执行者。从来没有人像儿童依赖成人一样完全依靠另一个人。

儿童的工作

儿童也是一个工作者和生产者。虽然不能参与成人的工作,但他有自己的工作,一种伟大的、重要的和困难的工作,那就是造就人的工作。新生儿孤弱无助、没有意识、不能说话和站立,但他以完美的形式最终成长为一个成人。如果一个成人的心理生活通过努力变得丰富并闪烁精神的光芒,那是由于他曾是一个儿童。只有儿童才能成为成人,在这个过程中成人不能替代儿童。相比儿童被排除在成人超自然的社会秩序之外,成人更明确地被排除在儿童的"世界"和"工

作"之外。儿童的工作与成人的工作截然不同,属于另一种秩序。事实上,人们甚至可以说它们是相互对立的。儿童的工作是无意识地完成的,因为他还没有使一种神秘的心理能力主动参与创造,但实际上它是一种创造性工作,使人想起《圣经》中对正被创造出来的人的描述。但人是怎样创造出来的呢?原本一无所有的人如何通过所有的创造获得智慧和力量?在每一个儿童身上,我们可以看到这件惊人的事情的所有细节并对此表示赞美。我们每天都在注视这种奇迹般的景象。

人一旦获得生命,最初诞生时发生的事情会在所有人身上再现。我们发现,在维持生命的永恒来源中没有一件东西是枯萎的,每件东西都在更新。因此我们可以不断重复说:"儿童是成人之父。"现实清楚地表明了这一点。成人所有的力量都来自"成人之父"去完成秘密使命的潜能。使儿童成为一个真正工作者,也就是说,儿童不能仅仅靠休息和冥想而发展成一个成人。相反,他积极地从事工作,不断通过行动进行创造,我们还必须清楚地意识到,他也是在成人使用和改造的同一个外界环境中进行这种工作的。儿童通过运动得以生长,他建设性的努力构成了一种在外界环境中发生的真正工作。

第9章 人的工作

儿童通过运动使自己获得经验。因此他学习协调自己的运动，并培养与外部世界接触时体验到的情感，这一切有助于他的智慧的形成。通过集中注意力听别人说话以及做出力所能及的初步努力，他学会了如何说话；又经过不倦的努力，他成功学会了如何站立和奔跑。在生长的过程中，儿童就像最认真的学生一样遵循一个课程表，如同星星按照不变的恒性沿着无形的轨迹运动。事实上，在儿童发展的每个阶段，我们都可以测量儿童的身高是否达到了预定标准。我们知道，儿童在五岁时会达到某一个智力水准，在八岁时又达到另一个智力水准。由于儿童将服从自然为他制定的计划，我们也可以预测在十岁时他的身高将是多少，智力又将如何。依靠不断的活动、努力、经验和挫折，通过尝试和斗争去克服困难，儿童慢慢完成了他自己困难的和重要的工作，并且总是具有一种新的完善的形式。成人实际上在完善环境，而儿童却在完善他自己。儿童的努力就像一个人在不停奔跑，直到达到他的目的为止。因此，成人的完善依靠儿童。

成人依赖于儿童。在儿童的工作领域中，我们是他的儿子和侍从，正如在我们的工作领域中儿童是我们的儿子和侍从一样。在某个领域中成人是主人，而在另一个领域中儿童是主人。因此儿童和成人都是国王，是各自王国的统治者，

这是人类为了和谐而存在的一个基本结构。

两种工作的比较

由于儿童的工作由行动和外部世界的真实物体组成，因此它可以成为明确的研究对象。在搞清楚儿童工作所遵循的规则和方式之后，我们就可以把儿童与成人的工作进行比较。儿童和成人都对环境进行一种直接的、有意识的和自主的活动，我们可以把这种活动称为"工作"。但是，这种相似到此为止，因为他们的工作都有各自的目的，而且这种目的无法直接知道并下决心去达到。甚至在植物当中，最低级的生命体的生存也是以牺牲环境为前提。但生命本身是一种能量，它通过不断地完善外界环境并使之更新，使能量自身不衰，以不断创造。例如，珊瑚虫从海水中提取碳酸钙，创造它们用来保护的覆盖物。它们活动的目的就是，在创造的进程中，它们的环境成了新的陆地。由于这一最终目的远离它们的直接工作，因此，我们甚至不提新的陆地就可以了解到大量有关珊瑚和珊瑚礁的知识。对所有的生物，尤其是对人来说，其道理或多或少是相同的。

每个儿童都参与创造一个成人，这个事实表明儿童有一个明确可见的最终目的。然而，尽管我们可以从各个方面研究儿童，了解儿童的每一件事，从他的身体细胞到所有功能的各个细节，但我们仍然不能觉察他的最终目的——他将成为的成人。

儿童和成人的工作目的两者尽管不同，但都意味着：工作要利用环境。

自然界有时可以用更简单的手段揭示某些秘密。例如在昆虫中，我们可以注意到它们生产劳动的真正产品。其中一个是丝，这种发亮的线被编织成珍贵的纺织品；另一个是蜘蛛的网，它由脆弱的丝组成，人们迫不及待要破坏它。然而丝是蚕的产物，也就是说，丝是蚕这个仍处于生长过程中的生物工作的产物，而蜘蛛网是成年蜘蛛工作的产物。这种比较会帮助我们认识到，当我们讲儿童的工作并把它与成人的工作比较时，我们是在讲两种不同但又真实的活动，然而它们在目的上截然不同。

对我们来说，需要了解儿童工作的特征是什么。当儿童工作时，他并不是为了实现一个外部目的。他的工作目的就是工作本身。当他重复一项练习使自己的活动达到一个目的时，这个目的是不受外界因素支配的。就儿童的个人反应而言，他结束工作和劳累无关，因为他从自己的工作中得到了

更新。充满精力地工作是儿童的特征，我们可以说，儿童的工作是对一种内部需要的满足，这也是一种心理成熟的现象。外部目的被认为是一个整体，也就是说，是使自己进行工作的目标。对他所考虑的目标和目的的利用，使它本身变成了内在活动的一个独特工具。这种内在活动并不与目标有密切的关系，仿佛一种机械性活动决定着一种机械反应物，但是心理必定会起作用。确实，由一种认识而引起的重复行动是通过动作的完成和目的的实现两方面实现的。所有这一切必然致使一个形成的运动具有复杂的动机。儿童感到需要重复这个运动，并不是为了完善他的外在表现，而是为了构建他的内在本质。随着时间的流逝，儿童会要求在一些运动中重复动作。精神的胚胎所固有的这种隐藏规律正是儿童的秘密之一。

这表明在儿童工作和成人工作的自然规律之间存在一种差异。儿童不遵循劳动效益规律，却正好相反。他把大量的精力消耗在一个满足内在需要的目的上，在完成每个细节时花费所有精力。所以，对他而言，外部的目的和行为只具有偶然的重要性。之所以在环境和儿童内心生活的完善之间存在这样一种引人注目的关系，那是因为对成人来说这种观念肯定向他显示了儿童的心理生活。一个发现自我已经升华的

第9章 人的工作

人不会再依附于外界的东西，他仅仅在适当的时候为了自己内心生活的完善而利用它们。与这种人对应的是，一个仍处在自我层次的人仍会被外界的东西和目标迷住，以至准备不惜一切代价去追求，甚至到了损害健康和丧失生命的地步。

无可置疑，成人和儿童的工作之间另一种明显的差异是，儿童的工作并不寻求获利或帮助。儿童必须靠自己进行工作，必须独自完成全部工作。没有人能承担儿童的工作，代替他长大。儿童也不可能加快他的发展速度。事实上，童年时期的特点是，它必须遵循计划和进程表，既不许犯错误，也不许加快速度。自然界是严厉的，它会对由于功能畸变（反常或迟滞）所引起的任何不服从的行为给予惩罚。有趣的是，人们把儿童看作大自然的学生，他完全依据一种天赋能量来行动。这种天赋能量指导他，并给他安排一种独自去完成的工作。他对自然的忠诚态度超过中世纪骑士忠于他们的骑士称号。儿童将在身体和心理能力上得到发展，尽管其计划由自然界制定。至于如何去做，如何开始自己的内部构建，这将是儿童不予展现的一个秘密，就像勤奋的学者对他正在做的保持沉默一样。只有在一些特殊的环境中，我们才会有一些新的发现。可以说，作为大自然的学生，儿童必须常常通过考试。也就是说，儿童必须通过特别的努力使自己不断

发展。这就是从昆虫到人的所有未成熟的生物都要经过的敏感期。

在这一时期,敏感性是某些发展阶段的特点,后来才渐渐消失。敏感性这个词指一种专门的和主动的能力,即一种活动的能力。作为一个特定时期的特点,这种能力也是短暂的,所以对那些不再具有这种能力的人来说,它必定是令人惊讶的。事实上我们可以说,处在进化过程中的生物得到的每一分收获都有可能在敏感期里实现,正如那位学者不仅要在每一门科目上通过考试,为了升级他还要在相同的科目上再次通过考试。

活动与儿童的发展

生物在进化过程中的那些敏感期是自然界最伟大的奇迹之一,它们不仅仅是在幼年期发现的一些本能。因此发展并不是模糊的,而像逐步积累的资料或固有的世袭需要一样,是一个受一些短暂的本能细心指导的过程。这些本能提供了敏锐的感受和趋于专门的活动形式的推动力。显然,这种过程常常与成人的活动不同,或者可以说,在儿童的活动与成人的活动之间最大的差异是:成人在达到完美境界和实现身体充分发展的同时，也使物种的本能实体化，这将引导他以一种稳定的方式在外部世界中行动；而幼儿通常缺乏与本质有关的一些不再变更的本能，而拥有大量易变的和连续的本能，这些本能将引导他变得成熟。

敏感性是那些短暂的本能发展的结果，从而使我们理解连续不断的自然活动。同样，在对身体外表进行更深入的了解时我们发现，一些器官和组织在其中起着作用，这就对人的存在提供了一种详细的说明。于是，通过有关的心理现象，我们可以探究外表下面的东西，去发现儿童的发展所依赖的各种活动。儿童的敏感期有时使他具有真正令人惊讶的力量。我们可以注意到，一个儿童的感觉特别敏锐，例如他的眼睛对色彩和大小很敏锐，这使他把注意力聚集在最小的细节上。令人十分惊讶的是他对秩序的敏感期，使他去注意外部的物体以及它们在环境中的位置。通过这种敏感性，儿童能够调整自己，而自然不可能在他身上养成这样一种能力。

儿童具有一种与成人不同的目的原则。成人是为了外部目的而不断行动，要求冷静的努力、忘我和不厌其烦的工作。如果成人是在力求胜任工作的话，那么儿童必须很好地工作并使自己成为一个强有力的人。但成人失去了早期的敏感性，在自然面前他不再是一个好学生，不能通过严格的考试。而

且,他也不会以儿童为榜样。

儿童是在灵敏的感受性的推动下发展的,并表现出对智慧的热爱。这股热爱激励他不屈不挠地趋于外部世界,使他把获得的对事物的印象作为精神的乳汁,他必须吮吸这种乳汁来滋养自己的内在生命。这就是为什么儿童的心理表现形式会是热情的推动力、细致的努力,以及持续、耐心的努力。

如果儿童厌烦工作,他就得不到发展,也就不能增强力量。他通过工作得到发展,这就是工作会增强他能力的原因。他从来不要求减轻工作,相反他会请求去表现,尤其是独自表现。发展这一任务就是他的生命,他必须真正地工作或休息。

没有意识到这个秘密的成人就不能理解儿童的工作,其实有些成人也从来没有理解过。这就是他为何要阻止儿童工作,为何设想儿童最需要的是休息。成人替儿童做每一件事情,因为他仅仅受自己劳动的自然规律的影响,也就是最少的努力和最节省时间的规律指导。成人比儿童更快,更熟练,因此他帮儿童穿脱衣服、洗脸和洗手,给儿童喂食,怀抱儿童或带儿童外出散步,在安排儿童的环节时不许儿童帮忙。

当儿童被允许拥有一个小房间时,他显示出渴望防御的第一个迹象:"我的房间!我想整理自己的房间!我要整理自己的房间了!"

在我们学校专门为儿童准备的环境里,儿童找到了一句表达这种内在需要的话:"帮助我,让我自己来做!"这种自相矛盾的需要多么意味深长!成人必须帮助儿童,但应该用这样的一种方式去帮助,即让儿童可以独自活动和进行他的实际工作。这句话不仅描述了儿童的需要,也描述了他想要从环境中获得的东西:他的周围必须有一个生气勃勃而不是死气沉沉的环境。他不仅要一个能自己支配和享有乐趣的环境,而且要一个能帮助他发挥作用的环境。显然,这种环境必须是提供各种活动的环境,它受更高的智慧指导,由一个准备承担使命的成人来安排。在这方面我们的想法是,既不要成人为儿童做一切事情,也不要成人在被动的环境中让儿童放任自流。

像肉体的胚胎一样,精神的胚胎需要一种充满生气的环境,并能在其中得到发展。这说明,仅仅把儿童放在与他身体和力量相称的环境中是不够的。帮助儿童的成人还必须学会如何去做。如果成人出于致命的误解,不帮助儿童去做事而是由他代替儿童去做事,那么成人将成为儿童心理发展中最隐蔽的和最有力的障碍。在这种误解中,在成人的工作和儿童的工作之间的竞争中,上演了人与他的工作之间那出最

初和重要的斗争戏剧,也许它是人类斗争戏剧的起源。

这种情况深刻地提醒我们,肉体胚胎的组织必须得到保护并处于一种提供保护的环境之中,这样它们所包含的形式将不会遭受损坏。无疑地,为了儿童,为了人的精神胚胎,我们也必须构建一种提供保护和充满活力的环境。仅仅使儿童得到与他身体相称并锻炼他建造能力的某些活动工具,那是远远不够的。一般来说,仅仅给喜爱儿童和与儿童关系最密切的母亲和成人提供一些建议,那也是不够的。我们需要做的是一些更广泛的事情,因为儿童表现出的不仅是满足自我的愿望,而且是需要得到发展的整个生命。然而,成人仍没有意识到儿童需要最细致的关怀。毫不夸张地说,人直到现在只建立了一个为了成人的世界,但他必须为建立一个为了儿童的世界而去工作。儿童受到的待遇是如此复杂和微妙,因此我们需要做的事情远远多于母亲的觉醒或对新型保育者和教师的训练。

对儿童需要的反应必须更新教育思想,直到最崇高的结果出现。这将是许多与之相关的科学的中心,一种新的生命哲学。

第 10 章

儿童的权利与社会的职责

成人的自我认识

当前研究最重要的问题之一是探索人的主导本能。在没有先例指导的情况下,我们开始了这样的探索。在这一领域,我们主要的贡献是提出了问题。但它仅仅是这条新的探索道路的开始,直到现在成果还不是很多,我们只是证实有这种本能存在,并初步指出如何进一步对它们进行研究。

这种研究只有在正常的儿童——即那些自由生活在适应他们发展需要的环境里的儿童那里才有可能。在这种情况下,一种新的人性清楚地展现出来,以至于无可争辩地表现出它的正常特征。

无数经验向我们显示出一个真理。无论对教育还是社会,

这个真理都具有极其重要的意义。显然，如果人具有一种不同于我们所知的本性，那么人也应该有一种不同的社会组织。但是，这种正常化的成人社会也只有通过教育才能获得。这样的社会变革不可能来自少数改革家的理论或能力，而只能来自从旧世界中缓慢而又稳固地浮现出来的一个新世界，一个来自儿童和青少年的世界。新发现和能指引社会达到正常生活的自然指导就是从这个世界中逐渐展现出来的。设想通过理论改革或个人能力去除压制儿童而形成的巨大弊病，那确实是愚蠢的。只要儿童不能按照自然的规律发展，而受到心理畸变的折磨，人将永远是不正常的。能够帮助人的发展的能量潜藏在儿童之中，但尚未被发现。

现在是重申"了解你自己"的时候了。在这句名言中，萌发了通过现代医学和卫生学对人的身体健康做出更大贡献的各种生物科学的幼芽，几乎标志着一种更高的文明水平。虽然人在身体卫生方面迈出了一大步，但他对心理生活领域仍然是未知的。有关人体知识的最初研究是通过解剖人的尸体进行的，而对人的心理的最初研究是通过对新生儿的研究来进行的。几乎可以说，这种研究对文明的进步是必不可少的。如果不能正视现代教育学中儿童正常化的问题，那么所有的社会问题都无法解决，因为教育的改善只能建立在儿童

第 10 章 儿童的权利与社会的职责

正常化的基础之上。这意味着不仅教育的问题难以解决，儿童也失去了自我。更重要的是，这种结果并不是人们所期望的，而会使他们感到不可思议。

对成人也可以这么说。他们确实也面临着一个问题——"了解你自己"，即认识指导人类心理发展的神秘规律。但是儿童早已解决这个问题，并开辟出一条实际的道路。除此之外，不可能存在其他任何解决方法。试图获取力量和权威的那些心理畸变的人可能迷恋于某种利益，这种利益在被正确对待之前可能会变成人类生活的一种危险。这就是为什么任何利益、任何发现或发明都可能增加困扰世界的罪恶。我们可以看到机器带来的社会效益，这意味着提高和进步的每一个发现，可以用于破坏、战争或个人发财致富。人类在物理学、化学、生物学方面所取得的进展，以及新的交通工具的发现，已经增加了破坏的危险和野蛮暴行的出现。除非人的正常化被看作一种基本的社会生活需要，否则我们不能寄希望于外部世界。只有到那时，物质的进步才能带来真正的幸福和更高的文明。

所以，我们必须把儿童作为未来生活的灯塔。如果我们希望为社会利益实现一些目标，就必须毫不犹豫地关注儿童。我们不仅要使儿童摆脱心理畸变，而且也要从他们那里了解

我们生命的实际秘密。因此我们必须考虑到，儿童本身是强有力的和神秘的，因为儿童自身隐藏着人性的秘密。

▌ 儿童的权利

在 20 世纪初之前，社会不关心儿童，儿童完全被托付给他的家庭照料。儿童拥有的唯一保护是他父亲的权威，这或多或少是两千年前罗马法规定的一种遗俗。在漫长的时期里，文明已经取得进展，服务于成人的法律也做了改进，但是儿童仍然没有任何的社会保护。对儿童来说，他所得到的仅仅是出生的家庭所提供的物质、道德和智慧上的帮助。如果一个儿童的家庭没有财力，社会便丝毫不感到对他有任何的职责。一直到现在，社会从未要求家庭应该做好准备以便恰当地关怀孩子的成长。国家在制定官方文件时，对最细微的条文细节如此谨慎，对有关权力的条文如此热衷，却毫不关心未来父母保护子女以及为他们的发展提供条件的能力，它也没有为父母承担职责提供任何准备或教导。正如国家所考虑的，建立一个家庭时所要做的，只是获得一张证书和举行有关的结婚仪式。从这一切我们可以断定，社会一直对这些已被自然界赋予人性发展任务的幼儿工作者漠不关心。与成人

第10章 儿童的权利与社会的职责

已经得到的大量利益相比,儿童被认为不属于人类社会,并一直处于被流放和被遗忘的状态。社会没有意识到儿童是受害者,然而他们确实是受害者。

实际上,大约半个世纪前,医学界开始对儿童感兴趣,并认识到他们是社会的牺牲品。在那时,他们甚至比现在的儿童遭到更严重的抛弃,既没有研究儿童的专家,也没有为儿童设立的医院。当统计数字显示儿童在出生后第一年有较高的死亡率时,人们从昏睡中惊醒过来。这些数字表明,即使一个家庭可能生很多孩子,但也只有相当少的人能活下来。幼儿的死亡似乎是很自然的,以致家庭用这种想法进行自我安慰:他们的孩子直接到天国去了。那么多婴儿死于无知和缺乏适当照料,以至于他们的死亡被看作是十分正常的。

当人们开始认识到这些事实时,一场旨在提高人们意识和激发父母良心的运动广泛开展了起来。父母们被告知,仅仅给子女生命是不够的,他们还应该保全子女的生命。科学知识已经告诉父母应该如何去做,他们必须接受必需的教育和新的知识,以便适当地照料子女。

但是,儿童不止在家庭里遭受痛苦,在学校的调查也揭露了儿童遭受的痛苦。在19世纪最后十年中,医学发现和研究工人中的"工业病"为社会卫生学打下了基础。人们发现,

除了缺乏卫生知识所导致的传染性疾病之外，儿童也有类似的"工业病"。

儿童的工作（学习）是在学校进行的。在那里，他们必须承受社会强加给他们的痛苦。在学习阅读和书写时，儿童长时间伏在桌上导致了脊椎的收缩和胸腔的变狭，致使他们容易患结核病。由于长时间努力阅读而光线很暗，儿童得了近视。由于长时间被限制在狭窄和拥挤的地方，他们的身体变得虚弱。

然而，儿童的痛苦不仅是身体上的，还有精神上的。强制的学习导致了儿童的沉闷、恐惧、厌倦和精力耗竭。他们变得懒散、沮丧、忧郁、染有恶习、缺乏自信，以及失去了童年的欢乐。

多么不幸的儿童！多么苦恼的儿童！

儿童的家庭并没有意识到这一切。父母唯一感兴趣的是，看到子女通过考试，尽可能学得快一些，这样就可以节约时间和费用。他们不大关心学习或获得文化，仅仅对社会的命令、强加的责任以及难以承担和浪费金钱的职责作出反应。所以他们觉得重要的是，子女应该在尽可能短的时间里获得一张进入社会生活的通行证。

在学校儿童中做的调查揭示了一些有趣的事实。许多儿

第 10 章　儿童的权利与社会的职责

童到学校时，已经因为早晨的劳动而疲惫不堪。在上学之前，有些儿童已经走了好多英里给住户送牛奶，或在街头出售报纸，或在家里劳动。因此，他们到学校时既疲倦又饥饿。也就是这些儿童，常常由于不注意听课和未能理解教师的讲课而遭到惩罚。教师出于责任感，或者更出于权威感，企图通过惩罚来唤起儿童的兴趣。他用威胁的手段强制儿童服从，或者通过在同伴面前指责他能力低下或意志薄弱来羞辱他们。这样不幸的儿童因在家里受压制和在学校受惩罚而耗竭了他们的精力。

这些早期调查揭示了如此不公正的情况，确实激起了社会的强烈反响。学校进行改革，有关规定也迅速作了修改。医学的一个新的重要分支——学校卫生学出现了，它对所有文明国家的学校改革产生了有益的影响。医生和教师开始一起为学生的健康而工作，我们可以说，这是社会第一次对原来在人性上的无意识错误的改正，标志着对儿童作出社会性补偿的第一步。

如果回顾这最初的觉醒并追随整个历史的进程，我们无法找到任何承认儿童权利或重要性的证据。成人迷恋于把儿童纳入他们的生活方式，把他们作为儿童的完美榜样。他们身上存在的如此惊人的盲目性似乎完全不可治愈。人的心灵

童年的秘密
The Secret of Childhood

中这种盲目性已成为一种普遍现象,也许像人类一样古老。

从遥远的古代到我们的时代,"教育"一直与"惩罚"具有同一含义。教育的目的总是把儿童隶属于一个成人,成人使他自己代替了自然,使他的意图和目的代替了生命的规律。不同民族具有不同的惩罚儿童的方式。在私立学校,通常有固定的惩罚方式,其中包括在儿童头颈上悬挂一块使人丢脸的标牌、把驴的耳朵竖在他的头上,或使儿童面临任何过路人对他的侮辱和嘲笑。还有其他使儿童承受肉体痛苦的惩罚,比如强制儿童面对角落站立数小时、裸露膝盖跪在地板上,或在公众面前受鞭笞。现在这种野蛮的方式已经作了巧妙的改进,其秉承的理论是家庭和学校在对儿童的惩罚和折磨中要联合起来。在学校已受到惩罚的儿童被责令回家告诉他的父亲,由此他父亲可以对教师的惩罚再添加一些责骂和惩罚。然后,这个儿童又被责令将父亲的便条带到学校,以表明家长已经知道孩子所犯的错误行为并给予了指责。

在这种情况下,儿童发现没有一个人保护他。他能求助于什么法庭呢?他甚至还没有罪犯所享有的申诉权。在他苦恼时可以作为安慰的庇护所在哪里?根本没有。学校和家庭都赞同对儿童施加惩罚,因为如果不使用惩罚,教育的作用就会降低。但是,家庭并不需要学校提醒他们去惩罚自己的孩子。对家庭所使用的各种惩罚方式的研究表明，即使在我们的时代，没有一个国家的儿童在家庭里是不受惩罚的。他们被训斥、羞辱、鞭打、打耳光、撵走、关禁闭，甚至被威胁有更大的惩罚等着他们，比如被剥夺跟其他儿童游玩之类的娱乐活动或不许吃糖果和水果，而这些活动或东西是他们唯一的庇护所，是他们在不知不觉中承受的那么多痛苦的唯一补偿。还有，他们被强制不吃饭就去睡觉，因而要带着悲伤和饥饿度过整个痛苦之夜。

虽然在有教养的人中采取惩罚的情况已经迅速减少，但并没有完全消失。父母仍然习惯于用威胁的声调训斥子女。人们习以为常地认为成人拥有惩罚儿童的权利，父母可以打自己子女的耳光。然而，使人失去尊严和作为一种社会耻辱的体罚（对成人）现在已经被取消了。我们不禁要问，还有什么比侮辱和虐待儿童更卑劣的吗？显然，在这方面人的良心完全麻木了。

文明的进步不是依靠个人的努力或心灵的炽烈热情，而是一种无形的机械化的推进。这种推动力是不屈不挠朝前运动的巨大的社会力量，它不受个人情感的影响。

社会就像一列以令人眩晕的、高速的朝某个遥远目的地前进的火车，个人可以比作车厢中熟睡的旅客，他们那处于

睡眠状态的良心是真正的社会进步的最大障碍。如果情况并非如此,那么在日益加快的速度和日益增强的尊严之间就不存在这种危险的差异,社会就能迅速进步。走向社会改革的第一步,也是最困难的一步,就是唤醒正在沉睡中和失去感情的人性,强迫它听听正在召唤的声音。

当今需要的是,社会应该全面意识到儿童的重要性,并真诚地努力把儿童从所处的巨大危险的深渊中拖出来。人们必须建设一个适应儿童需要的世界,并承认儿童的社会权利。然而,社会所犯的最大罪恶就是浪费了本应该花在儿童身上的钱,这样既毁灭了儿童,也毁灭了社会本身。社会就像是任意挥霍祖传财富的人。成人把钱花费在自己身上,然而很明显,他们财富的很大一部分本应是分配给他们的子女的。这个真理存在于生命本身,它甚至可以在最低等的昆虫中发现。为什么蚂蚁要储存食物?为什么鸟要寻找食物并把它带到自己的巢里去?在自然界,生物并没有耗尽所有东西而不顾后代的需要。然而,成人并没有为儿童做任何事情,他的努力不过是保护儿童的身体,仅此而已。由于浪费,社会急切需要钱,这时它就从学校中取钱,尤其从保护人类生命种子的幼儿学校中取钱。社会从这些学校中取钱,是因为没有人站出来为这些学校辩护。所以这是人类最大的罪恶和错误

第 10 章　儿童的权利与社会的职责

之一。社会甚至没有想到，当它把这些钱用于制造战争工具时，会导致双重毁灭。这两种毁灭分别体现为阻碍生命和带来死亡，但它们是一种错误的产物。由于没有努力确保自己生命的健康发展，人以一种不正常的方式长大。

因此，成人必须重新组织起来，不是为我们自己，而是为我们的孩子。我们必须大声要求一种权利，而固有的盲目会阻碍我们看到这种权利，然而这种权利一经证实就不会受到怀疑。如果社会是儿童的一个不可靠的监护人，那它现在必须把儿童的遗产和公正还给我们。

当今父母把他们的子女扔给社会习俗，任凭它去摆布，并认为社会习俗具有如此权力是必然的。因此，儿童的社会悲剧就产生了。社会把儿童交给他的家庭去照料，而不承担对儿童的丝毫责任，家庭又尽量把儿童交给社会，关在学校里，使他脱离整个家庭的控制。

我们没有听到保护儿童的呼声。如果有一种呼声应该有力量去保护儿童的话，那就是生命的呼声、心灵的力量和父母的人权。

人是没有力量的，他受到了本应保护他的更高权威人物的羞辱和鞭挞。于是，儿童被公众和社会当局"拖走了"。对儿童来说，似乎没有一个场所比学校更适合他的需要。但是，

那些高大的建筑物似乎是为一群成人提供的，每一样东西都是与成人相称的，例如门窗、灰色的走廊和设有装饰的黑墙等。许多儿童将穿着肮脏的黑色制服度过他的整个童年时期。在童年开始的时候，家庭和社会这两个方面就出现了分离，因而造成了两种责任的分离。对于悲哀和没有希望的儿童来说，他的内心因恐惧而颤抖。

儿童将走向哪里？

他将走向他应该去的地方。在那里，他将是心荡神驰的。

但是，他已被作出判决。他将进入教室。当他走进为他安排的班级时，教师将关上门。从此，教师把一群幼小的心灵置于他的控制之下。

家庭和社会把儿童交给了一个权威机构。人把他们的种子撒向空中，风将把它们带到更遥远的地方。从此以后，那些幼弱和忧虑的儿童长年累月苦恼地与课桌椅子捆绑在一起。

在严厉的看管下，儿童的手脚不能乱动。他倚靠在课桌旁，两只小脚并在一起不动，两只小手也合在一起不动。在儿童渴望真理和知识的时候，教师却把思想强迫灌输到他的心里，儿童顺从地低下自己的小脑袋，好像蒺藜把他的头刺出血似的。

在这个世界上，由于人们相互不理解而发生战争，这深深地刺伤了那充满爱的幼小心灵。文明的发展表明，对相互理解的渴望需要一步一步去实现。

逝者的墓穴早已做好准备，这个披着伪装的人被安放在那里，一些看守似乎被嘲弄地安排在周围，看着他不再复活。

但是，儿童又一次复活了。他恢复了活力，并重新生活在成人之中。

父母的使命

父母不是儿童的创造者，只是监护人。他们必须保护和关怀儿童，在最深刻的意义上把它看作是一种神圣的使命，而远远高于对物质生活的兴趣和观念。因为对儿童来说，成人是超自然的监护人。为了这份崇高使命，父母必须净化自然界已移植在他们心中的爱，必须理解这种爱未被自私或懒散污染，是深切情感的有意识表达。对父母来说，他们应该关心今天面对的这个社会问题，关心世界上为承认儿童权利而进行的斗争。

近年来，对人的权利，特别是工人的权利，已经讲了好多，现在应该是谈论儿童的社会权利的时候了。工人权利这个社会问题已成为社会变革的基础，因为人类的生存唯一依

赖于人的劳动。从整体来看，这个问题是与人的物质生活联系在一起的。但是，如果说工人生产消费品，是物质财富的创造者，那么儿童则生产人类自身，因此他的权利更需要得到社会的承认。很明显，人类社会应该给予儿童最周到的和最好的关怀，这样它反过来又可以在未来的人性上从儿童那里获得更大的力量和价值。

然而事实上，人们忽视和遗忘了儿童，甚至折磨了和扼杀了儿童。也就是说，人们没有认识到儿童的价值以及他的力量和基本特性。这个事实强烈地激起了人类的觉醒。

所有父母都具有一个伟大的使命。他们是唯一能够且必须拯救自己孩子的人，因为他们具有在社会中组织起来的力量，并能在共同生活的实践中采取行动。他们必须意识到自然界托付给他们使命的意义，这个使命使他们超越社会并能支配所有的物质环境，因为他们的手中掌握着人类的未来。

图书在版编目（CIP）数据

童年的秘密 /（意）玛利亚·蒙台梭利著；单中惠译.——太原：山西人民出版社，2021.8
ISBN 978-7-203-11821-3

Ⅰ.①童… Ⅱ.①玛… ②单… Ⅲ.①早期教育－教育理论 Ⅳ.① G610

中国版本图书馆 CIP 数据核字（2021）第 099311 号

童年的秘密

著　　者：	（意）玛利亚·蒙台梭利
译　　者：	单中惠
责任编辑：	李　鑫
复　　审：	傅晓红
终　　审：	贺　权
装帧设计：	胡振宇　梅杨
出 版 者：	山西出版传媒集团·山西人民出版社
地　　址：	太原市建设南路21号
邮　　编：	030012
发行营销：	0351-4922220　4955996　4956039　4922127（传真）
天猫官网：	https://sxrmcbs.tmall.com　电话：0351-4922159
E—mail：	sxskcb@163.com　发行部
	sxskcb@126.com　总编室
网　　址：	www.sxskcb.com
经 销 者：	山西出版传媒集团·山西人民出版社
承 印 厂：	河北鹏润印刷有限公司
开　　本：	889mm×1194mm　　1/32
印　　张：	9.5
字　　数：	160千字
印　　数：	1—6000册
版　　次：	2021年8月　　第1版
印　　次：	2021年8月　　第1次印刷
书　　号：	ISBN 978-7-203-11821-3
定　　价：	59.80元

如有印装质量问题请与本社联系调换